Markus J. Sauerwald

Mind Mapping® in Jurastudium und Referendariat

Mind Mapping® in Jurastudium und Referendariat

Wissen aufnehmen, einordnen und dauerhaft verankern

Mind Maps® in Studium und Referendariat

von

Markus J. Sauerwald

Carl Heymanns Verlag

Bibliografische Information der Deutschen Bibliothek

Die Deutsche Bibliothek verzeichnet diese Publikation in der Deutschen Nationalbibliografie; detaillierte bibliografische Daten sind im Internet über http://dnb.ddb.de abrufbar.

Das Werk ist urheberrechtlich geschützt. Die dadurch begründeten Rechte, insbesondere die der Übersetzung, des Nachdrucks, der Entnahme von Abbildungen, der Funksendung, der Wiedergabe auf photomechanischem oder ähnlichem Wege und der Speicherung in Datenverarbeitungsanlagen, bleiben vorbehalten.
Verlag und Autoren übernehmen keine Haftung für inhaltliche oder drucktechnische Fehler

Mind Map ist ein eingetragenes Warenzeichen von The Buzan Organization Ltd.

Mind Mapping ist ein in Deutschland eingetragenes Warenzeichen von Maria Beyer.

MindManager ist ein eingetragenes Warenzeichen und die führende Software zur Erstellung elektronischer Mind Maps. Eine 21-Tage-Testversion kann unter www.mindjet.de geladen werden.

© Carl Heymanns Verlag KG · Köln · Berlin · München 2006
50926 Köln
E-Mail: service@heymanns.com
http://www.heymanns.com

ISBN 3-452-26283-9

Satz: John + John, Köln

Druck und Weiterverarbeitung: Gallus Druckerei KG, Berlin

Gedruckt auf säurefreiem und alterungsbeständigem Papier

Vorwort

Wahrscheinlich kennen Sie das: Ihre Mitschriften zur Vorlesung sind unübersichtlich und auf Ihrem Schreibtisch stapeln sich Informationen über Ihr Studium oder ein Seminarthema, die gesichtet und zusammengestellt werden müssen. Oder: Sie wollen sich in ein neues Rechtsgebiet einarbeiten, wissen aber nicht so recht wie.

Die bislang von Ihnen genutzten Aufzeichnungstechniken, zum Beispiel Mitschriften auf dem Block oder Notizen in Vorlesungsskripten stoßen schnell an ihre Grenzen.

Hier hilft Ihnen Mind Mapping weiter! Mit dieser Technik verbildlichen Sie Informationen in einer einfachen, schnell erlernbaren Form. Das Mind Mapping ermöglicht Ihnen, die Informationen zu strukturieren, einzuordnen und dauerhaft zu verankern. Die Nutzung einfacher Bilder und Symbole spricht Ihre zweite – oft vernachlässigte – rechte Gehirnhälfte an und verteilt das erworbene Wissen ganzheitlich auf die rationale linke und die kreative rechte Hälfte.

Dieses Bändchen erläutert Ihnen die Technik und veranschaulicht in vielen Beispielen, wie sich in allen Phasen des Studiums bis zum Einsatz im Beruf Informationen gehirngerecht und mit Gewinn aufbereiten lassen.

Bonn, im April 2006 *Markus J. Sauerwald*
(RA.Sauerwald@gmx.de)

Inhalt

Vorwort V

Abbildungen XI

Mind Mapping in 15 Minuten 1

Worum geht es beim Mind Mapping? 2
Wie funktioniert Mind Mapping? 4
Wie Sie Mind Mapping einsetzen können. 6
  ➢ Organisation 6
  ➢ Visualisierung 6
  ➢ Informationsmanagement 6
  ➢ Dokumentation 6
  ➢ Planung 6
  ➢ Präsentation 7
Mind Mapping Schritt-für-Schritt – Eine Anleitung 7
  ➢ Schritt 1 – Der Papierbogen im Querformat 7
  ➢ Schritt 2 – Die Hauptäste 8
  ➢ Schritt 3 – Die Ideenzweige 9
  ➢ Schritt 4 – Die Auswertung der Mind Map 11
  ➢ Schritt 5 – Ihre erste Mind Map 11

Mind Mapping in der Praxis 15

»Mind managen« Sie Ihr Studium mit Mind Mapping – Eine Einführung . 16
Hauptproblem des Jurastudiums: Überblick gewinnen, aber wie? 16
  ➢ Schritt 1: Überblick gewinnen 16
  ➢ Schritt 2: Jura lernen und begreifen 24
  ➢ Schritt 3: Wissen abspeichern 24
  ➢ Schritt 4: Wissen anwenden 25

Jura lernen und begreifen – Die Aufbereitung des Lernstoffes ... 27

Begleitung der Vorlesung mit Mind Mapping 28
  ➢ Schritt 1: Überblick verschaffen 28
  ➢ Schritt 2: Aufgenommenes Wissen zuordnen 30

Inhalt

Lektüre von Lehrbüchern	33
➢ Schritt 1 – Überblick gewinnen!	33
➢ Schritt 2 – Darstellung der Fachlektüre mit einer Mind Map	34
➢ Schritt 3 – Lesebegleitende Aufzeichnung	36
➢ Schritt 4 – Ziehen Sie Bilanz!	36
Fazit	37
Klausuren schreiben – Wissen abrufen	38
➢ Öffentliches Recht	39
➢ Strafrecht	45
➢ Zivilrecht	47
Fazit	53

Haus- und Seminararbeiten: Vorbereitung, Konzeption, Vortrag ... 55

➢ Seminararbeiten	60
➢ Vortrag	63

Wissensmanagement: Die Informationsflut meistern 67

➢ Schritt 1: Wissensziele formulieren!	68
➢ Schritt 2: Sichten und Aufbereiten der vorliegenden Informationen	69
➢ Schritt 3: Thematische Zuordnung und Ablage des Materials	69

Referendariat: Aktenbearbeitung, Vorträge, kreative Rechtstätigkeit 73

Überblick über das Referendariat	74
Wissenserwerb	76
Aktenbearbeitung	78
Sitzungsdienste	79
Kreative Tätigkeit	81
Problemlösung	81
Vertragsentwürfe	83
➢ Vertragsvorüberlegungen als Mind Map	83
➢ Ideen-Mind Map	83
➢ Planungsfaktoren	85
➢ Andere beachtenswerte Punkte	85
➢ Die letzten Schritte	87

Schlüsselqualifikationen und »Soft Skills« für die praktische juristische Tätigkeit 89

Wie erlernt man Schlüsselqualifikationen?	90
➢ Verhandlungsstrategien	90
➢ Informationskompetenz und Lernmethodik	94

Zeitmanagement in Studium und Referendariat 95

Ziele setzen! 96
Planen mit Mind Mapping 98

Mind Mapping am PC 101

MindManager® 102
➢ Export in Word, Excel, PowerPoint 103
Einsatz elektronischer Mind Maps in Studium und Referendariat 103
➢ Zeitplanung 103
➢ Schriftsätze erstellen 103
➢ Vortragspräsentation 104
➢ Wissensmanagement 104
➢ Gemeinsames Erstellen von Mind Maps 104
Ein Fazit: Zukunft des elektronischen Mind Mappings 104

Sachregister 107

Abbildungen

Abb. 1:	Mind Mapping in 15 Minuten	1
Abb. 2:	Vorlesung Strafrecht	3
Abb. 3:	Wie funktioniert Mind Mapping?	5
Abb. 4:	Mein Jurastudium	8
Abb. 5:	Fortgeschrittene Gedankenkarte zu »Mein Jurastudium«	10
Abb. 6:	Mind Map-Regeln	12
Abb. 7:	Tagesplan und Beispiele für mögliche Codes	13
Abb. 8:	Studium	15
Abb. 9:	Examenswissen	17
Abb. 10:	Examenswissen	19
Abb. 11:	BGB AT Lernstoff	21
Abb. 12:	Rechtsgeschäft Vertrag	23
Abb. 13:	Jura lernen und begreifen	27
Abb. 14:	Rechtsgeschäft Vertrag	29
Abb. 15:	Erweiterung von Vertrag, Rechtsgeschäft	31
Abb. 16:	Ordnersystem	32
Abb. 17:	Bürgerliches Recht, Einführung	35
Abb. 18:	Mind Map mit Ergänzungen	36
Abb. 19:	Klausuren schreiben	38
Abb. 20:	Rechtsmittel Öffentliches Recht	40
Abb. 21:	Fragestellungen Öffentliches Recht	42
Abb. 22:	Klausuraufbau mit nachträglichen Gedanken	44
Abb. 23:	Klausuraufbau Strafrecht	46
Abb. 24:	Zivilrecht, Wer von wem?	48
Abb. 25:	Zivilrecht, Wer von wem was woraus?	49
Abb. 26:	Zivilrecht, Wer von wem was woraus?	50
Abb. 27:	Denkbare Fallfragen im Zivilrecht	52
Abb. 28:	Haus und Seminararbeiten	55
Abb. 29:	Hausarbeit BGB – Kleiner Schein	57
Abb. 30:	Argumentationsspektrum	59
Abb. 31:	Ideensammlung zu einem Seminarthema	61
Abb. 32:	Ordnung der Ideen	62
Abb. 33:	Mind Map-Redekonzept über Gerechtigkeit	64
Abb. 34:	Seminarvortrag	65
Abb. 35:	Wissen managen	67
Abb. 36:	Wissensmanagement	70
Abb. 37:	Referendariat	73

Abb. 38:	Referendarsstationen	75
Abb. 39:	Entscheidungsgründe	77
Abb. 40:	Aktenbearbeitung	78
Abb. 41:	Plädoyer	80
Abb. 42:	Entscheidungsfindung	82
Abb. 43:	Vertragsgestaltung-Vorüberlegung	83
Abb. 44:	Vertragsgestaltung	84
Abb. 45:	Arbeitsvertrag	86
Abb. 46:	Schlüsselqualifikationen	89
Abb. 47:	Mediation	91
Abb. 48:	Unternehmensnachfolge	93
Abb. 49:	Zeitmanagement	95
Abb. 50:	Ziele	97
Abb. 51:	Aufgaben heute	99
Abb. 52:	Mind Mapping am PC	101

Alle Mind Maps des Buches stehen unter http://service.heymanns.com als Download zur Verfügung.

Mind Mapping in 15 Minuten

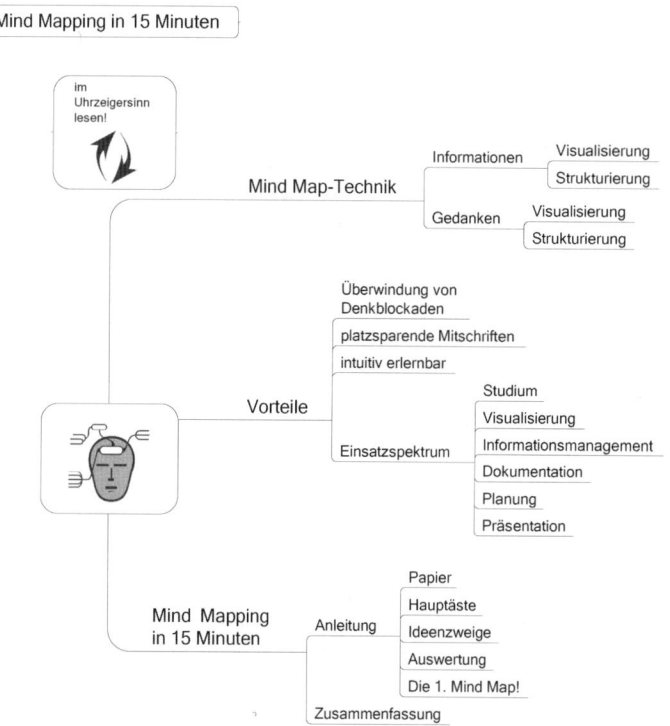

Abb. 1: Mind Mapping in 15 Minuten

In diesem Kapitel erfahren Sie mehr über die Vorteile des Mind Mappings und lernen, wie die Technik in Studium, Referendariat und Beruf eingesetzt werden kann.

2 In fünf kurzen Schritten erlernen Sie die Fertigkeit, Gedankenkarten zu erstellen und die neue Form der Aufzeichnungstechnik zu nutzen. Die zahlreichen Anwendungsbeispiele in den nachfolgenden Kapiteln helfen Ihnen, die Methoden weiterzuentwickeln und Ihren persönlichen Stil zu finden.

Worum geht es beim Mind Mapping?

3 Das Mind Mapping wurde in den 1970-er Jahren vom Engländer Tony Buzan (Tony Buzan, Das Mind Map Buch, 5. Auflage 2002) entwickelt. Es ist eine Methode zur Visualisierung und Strukturierung von Informationen. Statt komplexe Überlegungen nacheinander von links oben nach rechts unten zu entwickeln, werden die Gedanken in Form einer strukturierten Zeichnung dargestellt. Es entsteht eine »Gedankenkarte« (Mind Map).

4 Mind Mapping überwindet Blockaden, die oft bei der herkömmlichen Strukturierung – der linearen Form – entstehen. Häufig sieht die klassische Gliederung folgendermaßen aus:

I. ......
II. .....
  1. ....
  2. ....
    a) ....

5 Selten aber erschließen sich Gedanken aus einem logischen Nacheinander, wie es in einer Gliederung zum Ausdruck kommt. Auch Informationen erreichen uns nicht in geordneter, das heißt strukturierter Form. Unübersichtlichkeiten bei Aufzeichnungen beginnen dort, wo ein gedachter Aufbau nicht fortgeführt werden kann, weil eine notwendige Information fehlt. So findet sich bei Mitschriften der fehlende Gedanke beispielsweise auf einer nachfolgenden Seite Ihrer Papiere, logisch gehörte er jedoch an den Beginn Ihrer Aufzeichnungen.

6 Anders verhält es sich beim Mind Mapping. Mind Mapping erlaubt die freie Assoziation auf einem leeren Blatt Papier. Wie bei der klassischen Gliederung werden auch hier Rangordnungen vorgenommen (Anfügen eines Nebenastes an einen Haupttast). Die Methode erlaubt es jedoch, Gedanken nachträglich an der logisch richtigen Stelle unterzubringen (siehe Abb. 2).

Worum geht es beim Mind Mapping?

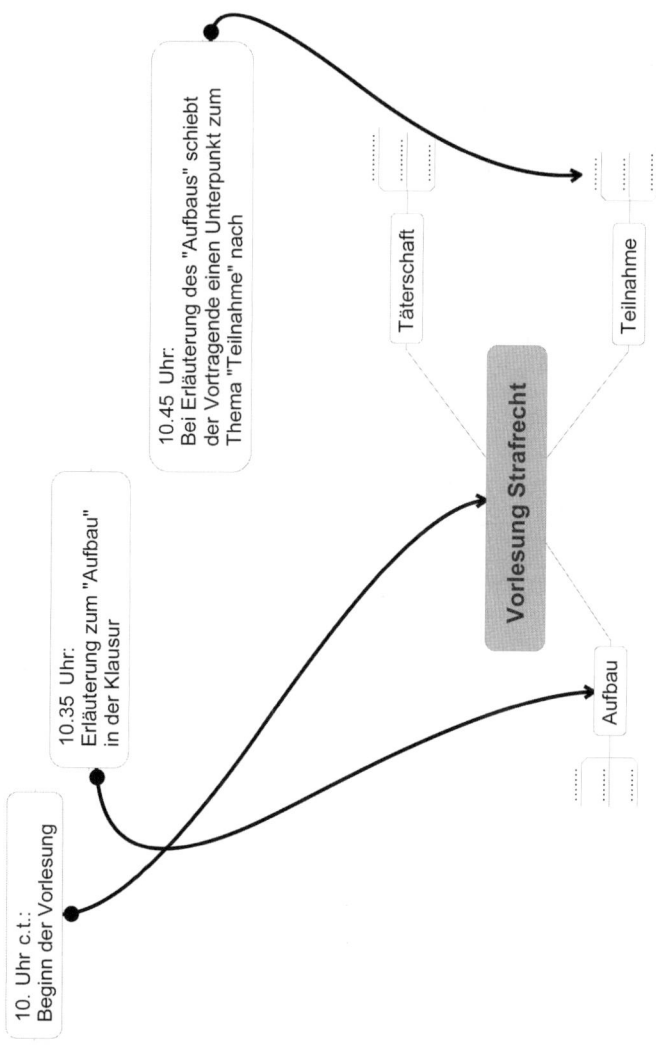

Abb. 2: Vorlesung Strafrecht

7 Ihre Vorlesungsmitschrift haben Sie als Mind Map angelegt. Die vom Professor nachgeschobene Information zum Thema Teilnahme können Sie nachträglich an der systematisch richtigen Stelle einfügen. Die Übersichtlichkeit leidet hierunter nicht, denn in der Regel bietet Ihnen eine Mind Map genügend Raum.

So überwinden Sie das starre lineare Schema.

Wie funktioniert Mind Mapping?

8 Sie werden sehen, dass Sie bereits über eine Fülle »innerer Karten« verfügen. So ist Ihnen die englische Grammatik nach vielen Schuljahren in gedanklich richtiger Folge bekannt. Die Werbkonjugation in der üblichen tabellarischen Form können Sie »aus dem Kopf« wie folgt darstellen:

Das Verb				
Infinitiv		to knock	to call	to go
Grundform		klopfen	rufen	gehen
I	(ich)	knock	call	go
you	(du)	knock	call	go
he	(er)			
she	(sie)	knocks	calls	goes
it	(es)			
we	(wir)	knock	call	go
you	(ihr, Sie)	knock	call	go
they	(sie)	knock	call	go

9 Als Mind Map mit einigen weiteren Punkten lässt sich der Ausschnitt wie folgt visualisieren (siehe Abb. 3).

Wie funktioniert Mind Mapping?

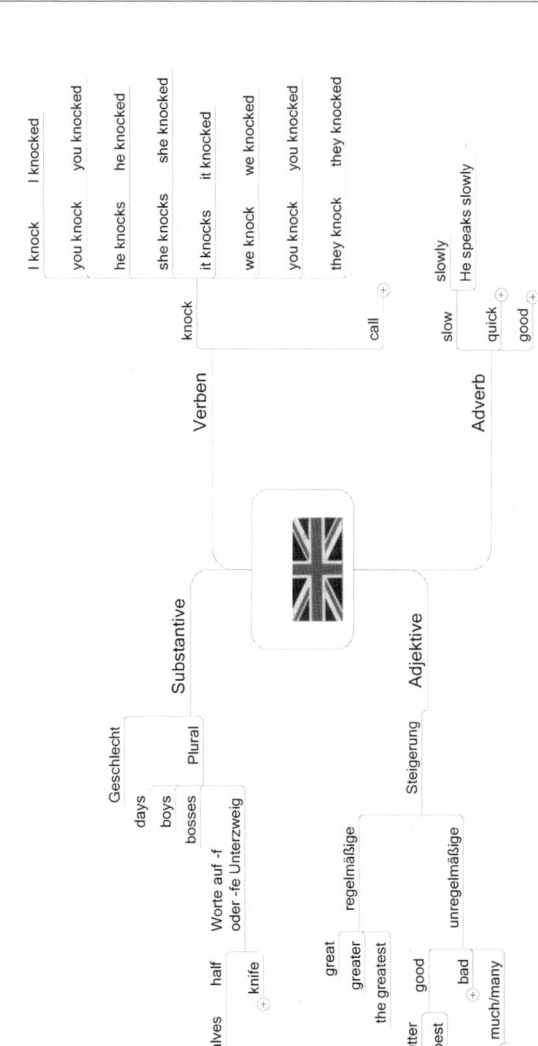

Abb. 3: Wie funktioniert Mind Mapping?

10 Was Ihnen auf den ersten Blick kompliziert und fremd erscheint, erschließt sich bei genauem Hinsehen schnell. Die Struktur einer Mind Map gleicht der Ansicht eines Baumes aus der Vogelperspektive. Vom »Stamm« gehen mittig Haupt- und Nebenäste aus. Der Stamm bezeichnet das Thema, das »Geäst« die zugehörigen Ideen.

Wie Sie Mind Mapping einsetzen können.

11 Sie können die Technik in allen Phasen des Studiums und des Referendariats und auch im Beruf einsetzen:

➢ Organisation

12 Vor Beginn Ihres Studiums oder Semesters können Sie relevante Informationen auf einem Papier bündeln und in einer Mind Map Ihre Studien- und Semesterplanung vornehmen (dazu mehr unter Rn. 20 ff. und 36 ff.).

➢ Visualisierung

13 Die Struktur eines Rechtsgebietes können Sie in einer Gedankenkarte verbildlichen. Das erleichtert Ihnen die Ein- und Zuordnung von Detailinformationen (dazu mehr unter Rn. 38 ff.).

➢ Informationsmanagement

14 Lernstoff können Sie strukturieren und in übersichtlicher Form zusammenfassen. Sie erstellen einen »Schaltplan« für Ihre Denkwege und machen Ihr Wissen abrufbar. (Dazu mehr unter Rn. 36 ff. und 82 ff.)

➢ Dokumentation

15 Mitschriften von Vorlesungen können Sie Platz sparend und übersichtlich erstellen ohne in der Vorlesung den Anschluss zu verlieren. (Dazu mehr unter Rn. 55 ff.).

➢ Planung

16 Sie können Ihr Studium, Ihre Haus- und Seminararbeiten mit Mind Maps ganzheitlich planen, weil die Technik Ihnen ermöglicht, Zusammenhänge schneller zu erkennen. (Dazu mehr unter Rn. 108 ff.).

> Präsentation

Ihr Vortragskonzept bei Seminaren, mündlicher Prüfung oder Aktenvortrag können Sie mit einer Gedankenkarte vorbereiten. (Dazu mehr unter Rn. 108 ff. und 154 ff.).

Starttipps: Ist Mind Mapping für jeden geeignet?
Sowohl der strukturierte Denker als auch der kreative »Chaot« finden Zugang zu dieser Technik. Als »Strukturmensch« sind Sie schnell in der Lage, Inhalte zu ordnen und systematisch zu überblicken. Als Kreativmensch werden Sie das Denken auf Papier mit den Ihnen gewährten Freiräumen schätzen. Trauen Sie sich etwas!

In den nachfolgenden Kapiteln erhalten Sie einen Überblick über die vielfältigen Einsatzmöglichkeiten des Mind Mappings in Studium und Referendariat. Die Mind Maps sind Anregungen. Bereits bei Ihren ersten eigenen Umsetzungen entwickeln Sie schnell Ihren eigenen Stil.

Mind Mapping Schritt-für-Schritt – Eine Anleitung

Die Technik stellt geringe Anforderungen an den Nutzer und ist schnell zu erlernen.

Die nachfolgenden 5 Schritte führen Sie zu Ihrer ersten eigenen Mind Map:

> Schritt 1 – Der Papierbogen im Querformat

Nehmen Sie einen DIN-A4-Bogen (noch idealer: DIN-A3) im Querformat und beginnen Sie in der Mitte mit einem Bild, das Ihr Thema darstellt. Ergänzen Sie es gegebenenfalls um ein Stichwort

Mein Jurastudium

> Schritt 2 – Die Hauptäste

21 Bestimmung einzelner Themenbereiche. Vom Zentralbild ziehen Sie Linien (Hauptäste) in Richtung der Blattecken. Die Linien gliedern das Thema in einzelne Bereiche auf. Auf diese Hauptäste schreiben Sie Schlüsselworte (am besten Nomen oder Verben), die Hauptaspekte Ihres Themas benennen.

Abb. 4: Mein Jurastudium

> **Tipps!**
> Achten Sie auf prägnante Schlüsselbegriffe. Schreiben Sie in Großschrift, damit die Hauptaspekte besonders gut wahrgenommen werden. Ergänzen Sie Ihre Äste gegebenenfalls durch farbige Markierungen oder Zeichen, etwa ☺ oder ☹.

Fallen Ihnen später weitere Hauptaspekte ein oder ergeben sich im Vortrag weitere Punkte, können Sie diese als zusätzliche Äste anfügen.

➤ Schritt 3 – Die Ideenzweige

An Ihre Hauptäste können Sie beliebig viele Zweige und Unterverzweigungen anfügen. Diese stellen einzelne Ideen und Teilaspekte dar. Der größere DIN-A3-Bogen bietet dabei mehr Entfaltungsmöglichkeiten.

Wie bei den Hauptästen gilt auch hier, dass ein prägnanter Begriff zur Bezeichnung der jeweiligen Äste ausreicht. Dieser Begriff genügt als Assoziationsgrundlage für Ihr Gehirn und aktiviert weitere Informationen.

Ihre Überlegungen zum Thema »Mein Jurastudium« haben als Mind Map folgende Gestalt angenommen:

Mind Mapping in 15 Minuten

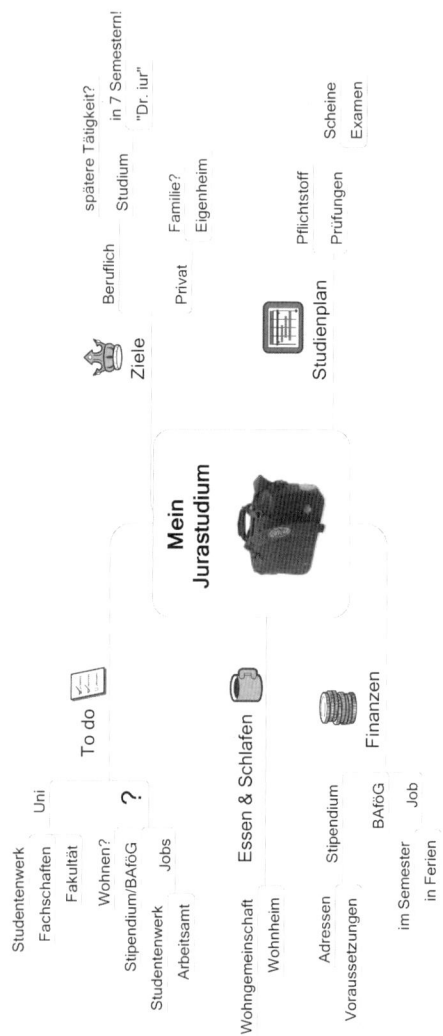

Abb. 5: Fortgeschrittene Gedankenkarte zu »Mein Jurastudium«

➢ Schritt 4 – Die Auswertung der Mind Map

Wichtige Aspekte gesondert bearbeiten!

Schnell entnehmen Sie ihrer Zeichnung, welche Aspekte besonders viele Verzweigungen aufweisen. In einem solchen Fall lohnt es sich, eine gesonderte Mind Map mit dem entsprechenden Schlüsselwort als Mittelpunkt zu erstellen. In unserem vorliegenden Beispiel (Abb. 5) könnte das Thema Studienplan noch einmal gesondert vertieft werden. Viele Ideen lassen sich während des Semesters noch nachträglich ergänzen. So wird aus dieser Gedankenkarte im Laufe der Zeit eine facettenreiche Gesamtdarstellung der Möglichkeiten, ohne dass Sie den Überblick verlieren.

Die grafische und hierarchisch geordnete Zusammenstellung aller Themen auf einem Papier ermöglicht es, Zusammenhänge zu erkennen. Informationen zu verstreut aufgeführten Aspekten, wie Stipendien, Wohnmöglichkeiten oder Semesterjobs lassen sich hier zusammenhängend darstellen. So überblicken Sie aus der Vogelperspektive alle Aspekte Ihres Studiums.

Bearbeitungsreihenfolgen oder Prioritäten können Sie farblich oder durch geeignete Zeichen (zum Beispiel 1., 2., 3., ...) markieren.

Aus eigener Erfahrung kann ich sagen, dass die Zusammenstellung aller Ideen auf einem Blatt zu Synergien führt. Zusammengehöriges und Ähnliches wird schnell erkannt.

➢ Schritt 5 – Ihre erste Mind Map

Sie sind nun mit allen wichtigen Regeln vertraut. In einer Mind Map zusammengefasst lassen sie sich wie folgt darstellen:

Mind Mapping in 15 Minuten

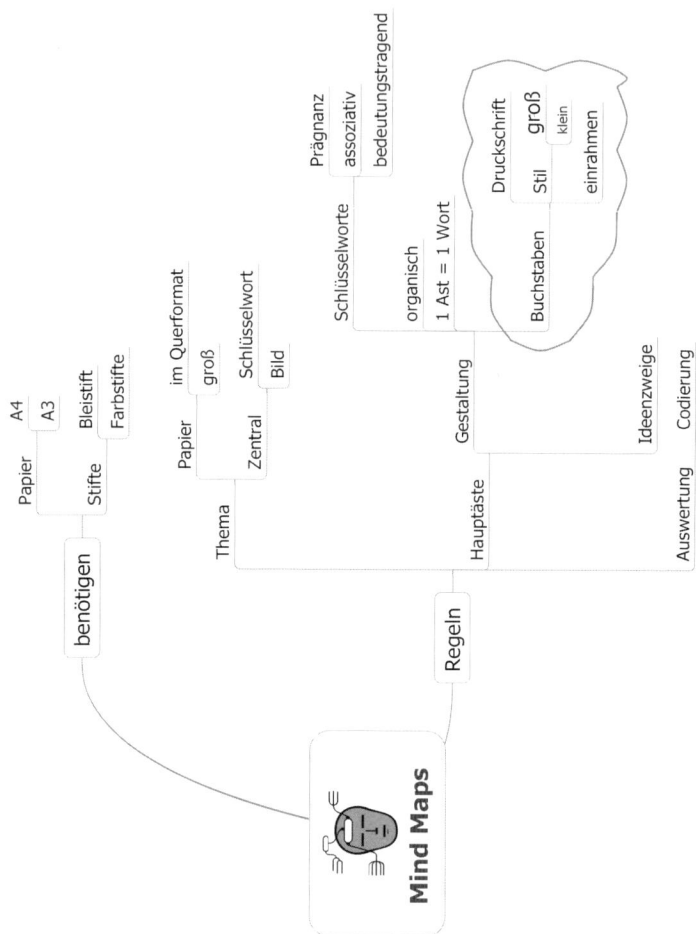

Abb. 6: Mind Map-Regeln

Nun sind Sie dran! Erleichtern Sie sich den Einstieg mit einer kleinen 32
Übung. Planen Sie Ihren kommenden Arbeitstag mit einer Mind
Map! Setzen Sie dabei Symbole, Zeichnungen oder Farben ein.

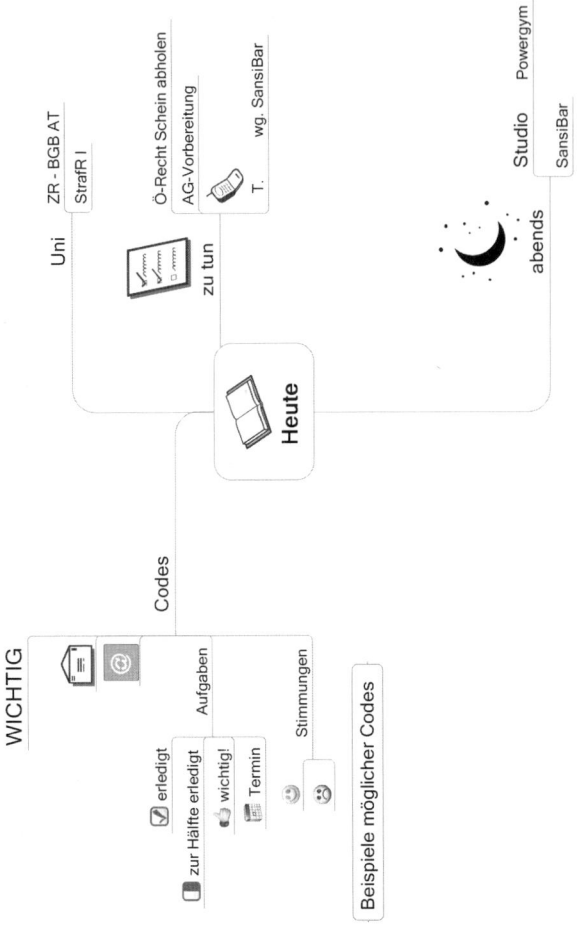

Abb. 7:   Tagesplan und Beispiele für mögliche Codes

33 Sind Sie zufrieden? Oder haben Sie noch Zweifel? Lassen Sie sich nicht entmutigen und machen Sie in jedem Fall weiter! Bleiben Sie am Ball und steigern Sie erst allmählich den Schwierigkeitsgrad.

34 Nutzen Sie Mind Mapping
- zur Vorbereitung auf ein Telefonat,
- zur Strukturierung Ihrer Semester- oder Wochenziele,
- zur Freizeitplanung, etwa als Ideensammlung oder für Projektschritte bei einem ganz bestimmten Vorhaben,
- zur Zusammenfassung eines Themas nach Lektüre.

35 Mit jeder weiteren Mind Map wächst Ihre Sicherheit. Sie werden schnell eigene Wege zur Verkürzung der Informationen ohne Schmälerung des Aussagewertes finden, indem Sie Ihre Mind Maps mit passenden Codes oder Farben ergänzen.

Mind Mapping in der Praxis

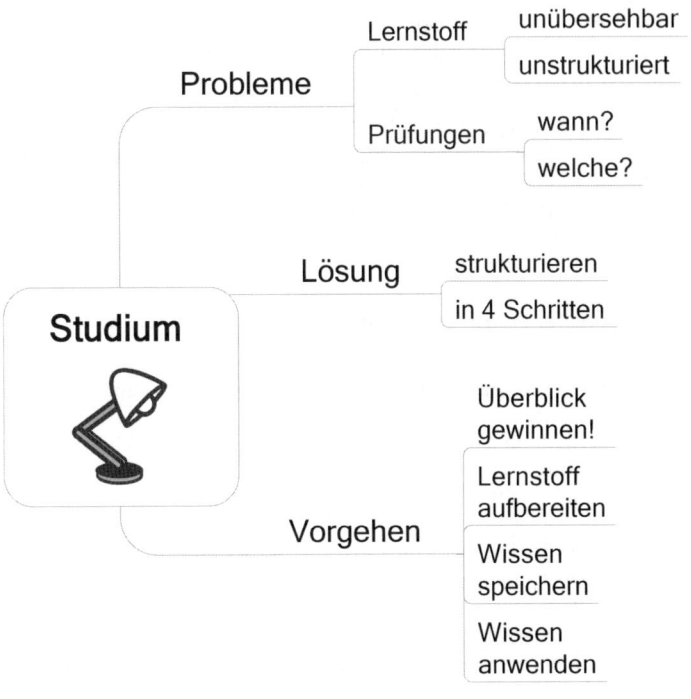

Abb. 8: Studium

»Mind managen« Sie Ihr Studium mit Mind Mapping – Eine Einführung

36 In diesem Kapitel erfahren Sie, wie Sie Mind Mapping im juristischen Studium gewinnbringend einsetzen können. Sie bekommen einen ersten Überblick, wie Sie den juristischen Stoff systematisch erschließen (Überblick), lernen und begreifen (Aufbereitung), speichern und wie Sie Ihr Wissen in der Klausur abrufen (Anwenden).

37 Sie stehen am Beginn Ihres Jurastudiums. Sie haben mehr Fragen als Antworten: Wie gestalte ich mein Studium? Welche Prüfungen muss ich ablegen? Wie erschließe ich mir die ungeheure Stofffülle? Wie lerne ich richtig? Im vorherigen Kapitel haben Sie bereits erfahren, wie Sie die Sie interessierenden Fragen in einer Mind Map verdichten. So konnten Sie sich die Antworten auf die ersten beiden Fragen bereits erarbeiten (Abb. 5).

Hauptproblem des Jurastudiums: Überblick gewinnen, aber wie?

38 Die zentrale Frage des Studiums – wie bewältige ich die enorme Stofffülle? – ist damit noch nicht gelöst. Ebenso wenig, wie sich dieser Stoff dauerhaft im Gehirn verankern lässt. Auf den nächsten Seiten werden Sie erkennen, wie Mind Mapping Sie bei diesen Prozessen optimal unterstützen wird.

➢ Schritt 1: Überblick gewinnen

39 Zunächst gilt: Gewinnen Sie einen Überblick über die weit verzweigte juristische Welt.

40 Mit Gedankenkarten können Sie überblicksartig das juristische System abbilden und Sie bekommen einen systematischen Zugang zum Recht – von der Groß- bis hin zur Detailansicht.

Was Sie für das juristische Examen wissen müssen, stellen Sie z.B. in folgender Weise zusammen:

Hauptproblem des Jurastudiums: Überblick gewinnen, aber wie?

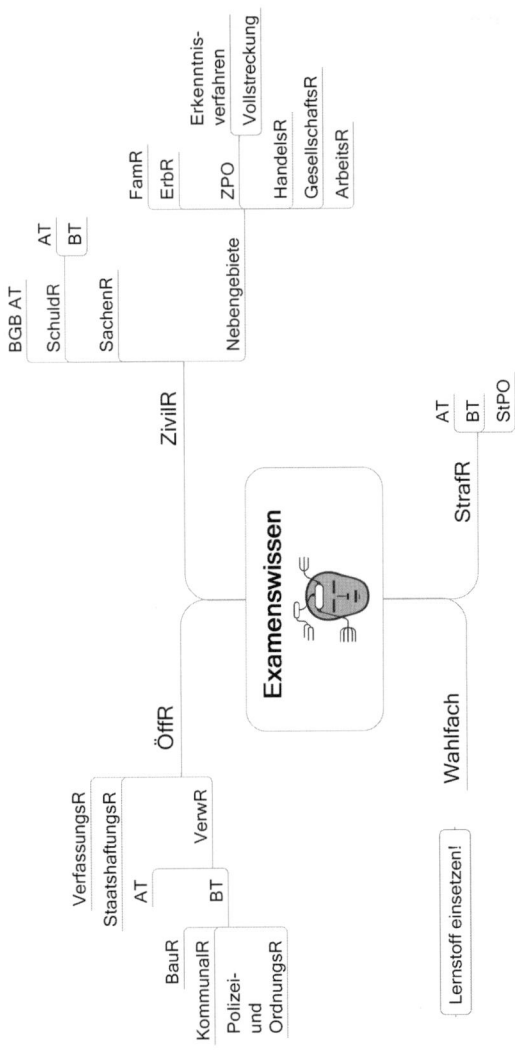

Abb. 9: Examenswissen

41 Wenn Sie die Studienunterlagen Ihrer Fakultät durchgesehen haben, können Sie hier eine für Sie zutreffende Zusammenstellung machen. Die einmal gefertigte Übersicht wird Ihnen helfen, den zu erlernenden Stoff systematisch zuzuordnen und für Ihr weiteres Lernmanagement systematisch abzulegen. Fangen Sie mit vier Aktenordnern für alle Fächer an. (Einzelheiten dazu unten Rn. 55 ff.).

Hauptproblem des Jurastudiums: Überblick gewinnen, aber wie?

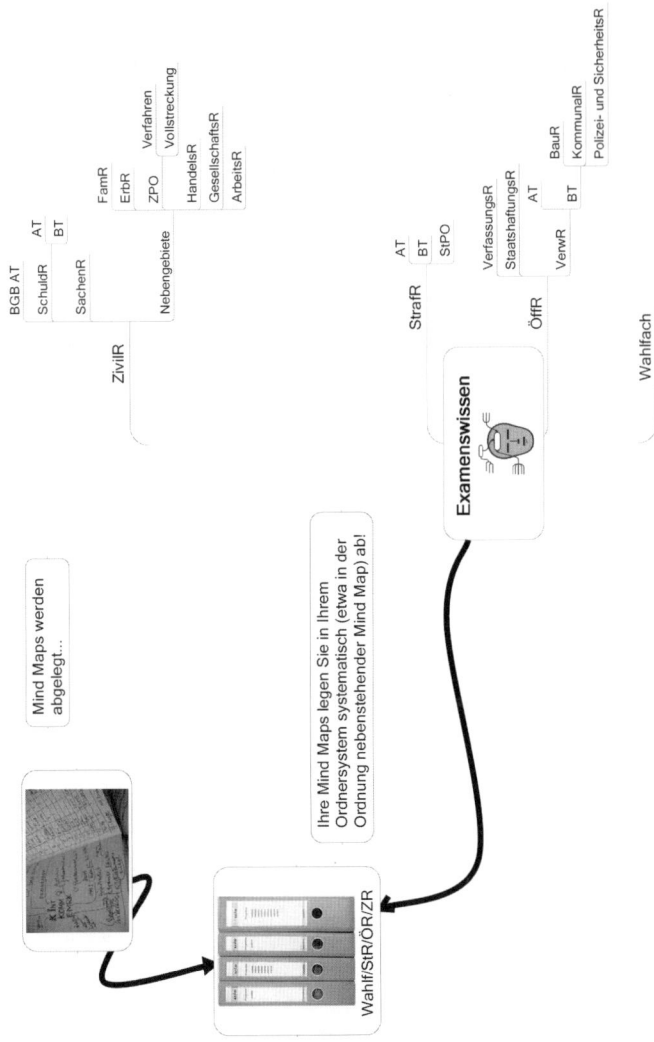

Abb. 10: Examenswissen

42 Diese Übersicht werden Sie im Laufe der Zeit weiter verästeln ohne den Überblick zu verlieren. Zur Verdeutlichung folgendes Beispiel:

43 Beginnen Sie mit der Erstellung einer Übersicht zum Zivilrecht, bevor Sie Ihre erste Vorlesung zum Allgemeinen Teil des BGB hören. Anhand des Inhaltverzeichnisses eines Lehrbuches oder der Aushändigungen zu Ihrer Vorlesung lässt sich der examensrelevante Stoff rasch strukturieren. Das könnte so aussehen:

Hauptproblem des Jurastudiums: Überblick gewinnen, aber wie?

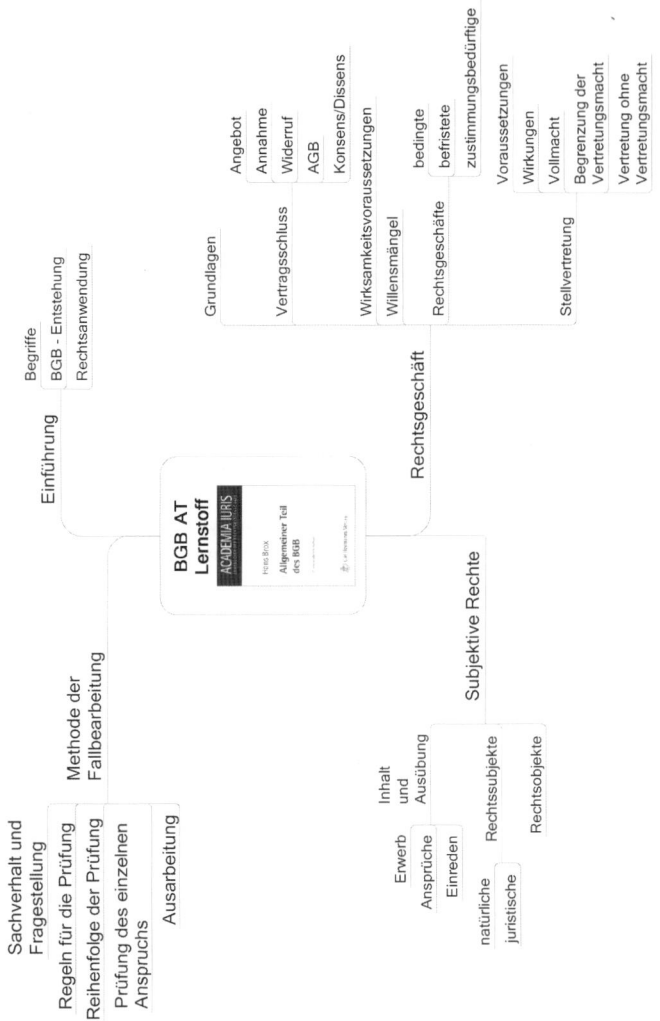

Abb. 11: BGB AT Lernstoff

44 In der Vorlesung werden diese Aspekte behandelt. Durch Ihre Übersichten können Sie das Gehörte bereits richtig in das juristische System einordnen. So helfen Sie Ihrem Gehirn, das Gehörte an der richtigen Stelle zu verankern. Ihre Notizen (wie Sie diese am besten fertigen erfahren Sie im Kapitel »Jura lernen und begreifen« (Rn. 55 ff.) legen Sie in Ihren Unterlagen gemäß der oben erarbeiteten Systematik (Abb. 9) ab.

45 Nehmen wir aus der Mind Map »BGB AT«(Abb. 11) den Teilaspekt »Rechtsgeschäft« heraus. In Ihren Vorlesungsstunden werden Sie sich mit diesem Thema beschäftigen. Zeichnen Sie eine Mind Map hierzu. Die mit dem Vertrag zusammenhängenden Fragen lassen sich in Ihrer Gedankenkarte wie folgt weiterverzweigen:

Hauptproblem des Jurastudiums: Überblick gewinnen, aber wie?

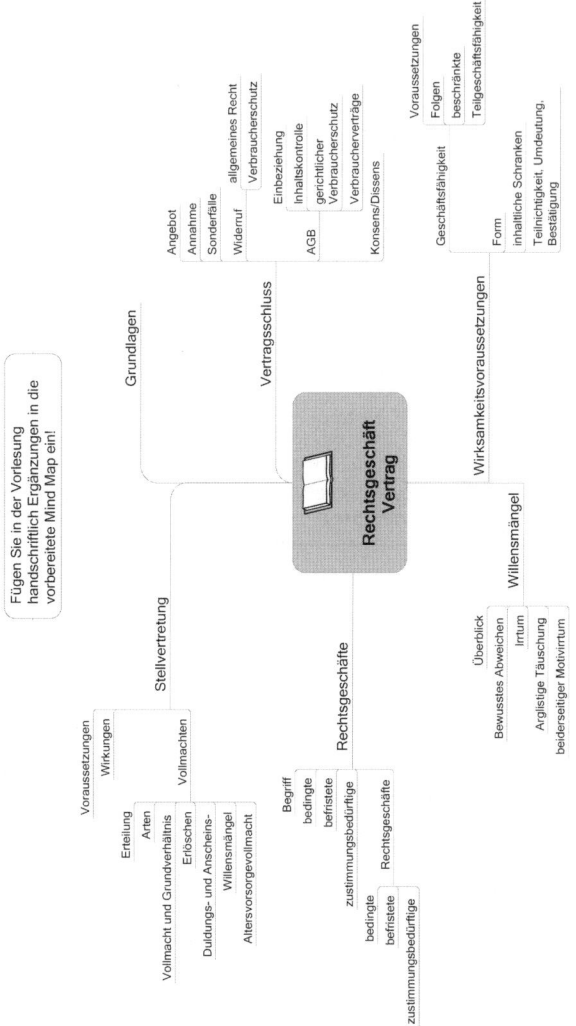

Abb. 12: Rechtsgeschäft Vertrag

46 Auch diese Übersicht haben Sie sich idealerweise *vor* der Vorlesung anhand eines Lehrbuches (Inhaltsverzeichnis genügt zunächst!) oder Skripts erarbeitet. Das in der Vorlesung Gehörte kann sofort zugeordnet werden. Selbst wenn Sie einmal während des Vortrags den Anschluss verlieren, werden Sie schnell wieder die Gedankengänge Ihres Professors aufnehmen können. Damit wissen Sie nun, wie Sie sich rasch und ohne längere Lektüre einen Überblick verschaffen. Die Form der Mind Map ist ideal hierfür: Bilder werden um ein Vielfaches besser im Gehirn gespeichert als Worte.

47 Das dort sichtbar gemachte hierachische System wird von Ihrem Gehirn sofort aufgenommen – im Gegensatz zu linearen Aufzeichnungen, in denen die Strukturen unsichtbar oder versteckt bleiben.

➢ Schritt 2: Jura lernen und begreifen

48 Sie wissen jetzt, wo Sie das Gehörte und Gelesene einordnen. Nun müssen Sie das Wissen zu Teilaspekten eines Rechtsgebietes genauer aufbereiten. Dass sollten Sie ebenfalls in Form einer Mind Map tun. Die sichtbare Hierarchisierung und die Verwendung von Schlüsselbegriffen erlauben es, den Stoff in deutlich verkürzter Form wiederzugeben. Bei Wiederholungen, beim Erlernen der Inhalte genügt dann ein rascher Blick auf Ihre gefertigten Übersichten, um die Merkmuster in Erinnerung zu rufen.

49 Prüfungsschemata lassen sich ebenso als Mind Map aufbereiten und werden in dieser Form als »Gedankenpaläste« im Gehirn aufgenommen (dazu im Einzelnen unter Rn. 55 ff.).

➢ Schritt 3: Wissen abspeichern

50 Wenn Sie Ihren Lernstoff gut aufbereitet haben, können Sie Inhalte nach den Grundsätzen der Lernbiologie wiederholen. Was bedeutet das?

51 Gelesenes und Erarbeitetes muss mehrfach die gleichen Wege im Gehirn gehen um dauerhaft gespeichert zu werden. Das geht nur mit einem planmäßigen Wiederholungsprogramm. Die Wiederholungen müssen erfolgen, bevor die Erinnerung nachlässt. Folgendes Wiederholungsprogramm hilft Ihnen, die Lerninhalte im Langzeitgedächtnis zu verankern:

1. Wiederholung	10 Minuten am Lerntag
2. Wiederholung	1 Tag später
3. Wiederholung	1 Woche später
4. Wiederholung	1 Monat später
5. Wiederholung	6 Monate später

Wenn Sie den Stoff in einer Mind Map verdichtet haben, werden Sie 52 die Wiederholungen schneller erledigen: Die Inhalte sind gehirngerecht aufbereitet und erschließen sich als Bilder, die Sie in der Klausur vor Augen haben werden. Die Wege, die Ihre Informationen nehmen, sind im wahrsten Sinne des Wortes vorgezeichnet.

➢ Schritt 4: Wissen anwenden

Nun kommt es auf die Anwendung Ihres vorhandenen Wissens in der 53 Klausur an. Beim Klausurmanagement geht es um die Anwendung des Rechts im konkreten Falle mit einer überzeugenden und folgerichtigen Argumentation.

Das Mind Mapping kann Ihnen beim Klausurenmanagement (Sach- 54 verhaltserfassung, Klausuraufbau und anschließende Ausformulierung) wertvolle Hilfe leisten. Dabei kommen Ihnen bei einzelnen Problemstellungen Ihre Merkmuster, etwa zu Anspruchsgrundlagen oder zur Anspruchsprüfung, zugute. Einzelheiten zum Einsatz von Mind Mapping im Zivilrecht, Öffentlichen Recht und Strafrecht erfahren Sie im Kapitel »Klausuren schreiben« (Rn. 38 ff.).

Jura lernen und begreifen –
Die Aufbereitung des Lernstoffes

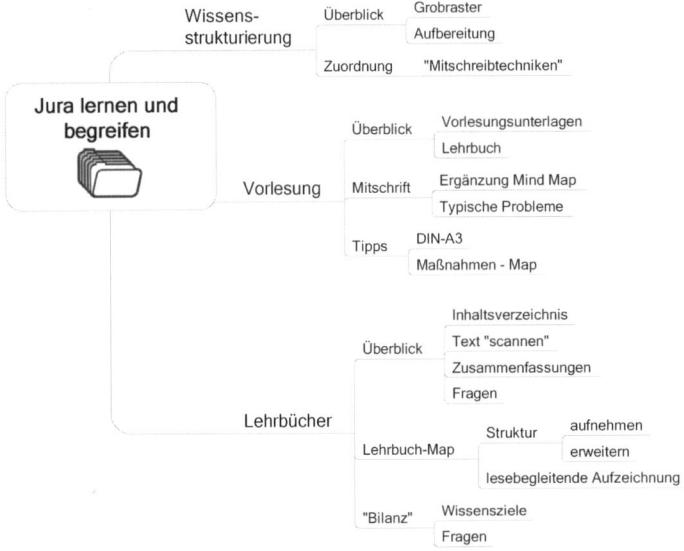

Abb. 13: Jura lernen und begreifen

In diesem Kapitel erfahren Sie, wie Sie den Lernstoff gehirngerecht aufbereiten, um *Gehörtes* (Vorlesung) und *Gelesenes* (Lehrbuch) schließlich in Ihr Langzeitgedächtnis aufzunehmen.

Man weiß, dass Gelesenes nur zu einem Zehntel, Gehörtes nur zu einem Drittel behalten wird. Bei eigener Aktivität, etwa selbst erstellten Zusammenfassungen oder Übersichten, erhöht sich die Quote auf 90% – daher gilt: Konsumieren Sie nicht, sondern begleiten Sie Ihren Informationserwerb aktiv!

Begleitung der Vorlesung mit Mind Mapping

57 Nutzen Sie die Vorlesung und gewinnen Sie den »Kampf gegen das Vergessen«, indem Sie Ihre vorhandenen Wissensstrukturen einsetzen und diese wie bei einem Fischernetz in das Meer der Informationen werfen. So gehen Sie vor:

➢ Schritt 1: Überblick verschaffen

58 Die grundlegenden Übersichten, die Sie sich anhand von Vorlesungsskripten schon vor der Vorlesung gefertigt haben, sind eine ideale Basis für die Vorlesungsmitschrift.

59 Nehmen Sie die schon gefertigte Mind Map zum Thema »Vertrag« (Abb. 12). In Ihrem Wissensnetz ist bereits der Standort im juristischen System verankert (Abb. 11 und Abb. 9).

Begleitung der Vorlesung mit Mind Mapping

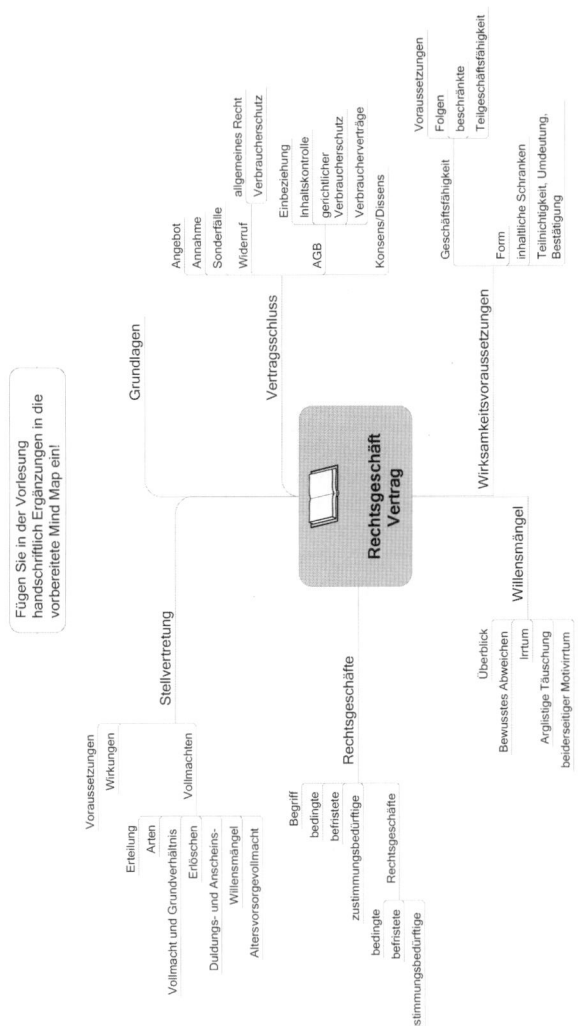

Abb. 14: Rechtsgeschäft Vertrag

60 Die Denkwege Ihres Gehirns liegen graphisch abgebildet vor Ihnen. Das gehörte Wissen können Sie in diese »Gehirnlandkarte« an der richtigen Stelle einsetzen. Sie bewegen sich wie mit einem Navigationssystem. Im Bild des Wissensnetzes ausdrückt, sind die Maschen des Netzes Ihr Wissen zum Thema. Große Maschen bedeuten, dass Sie wenig, kleine Maschen, dass Sie viel wissen. Halten Sie nun Ihr Netz in das Meer der juristischen Informationen, so verfangen sich in den groben Maschen nur die großen Wissensfische. Aber dort, wo Sie bereits mit filigraneren Netzen arbeiten, nehmen Sie auch die winzigen Detailwissensfische auf.

61 Der Wissensgrad bestimmt, wie viel von der Vorlesung hängen bleibt. Wie grob bzw. fein Ihr Netz ist, bestimmen Sie!

➢ Schritt 2: Aufgenommenes Wissen zuordnen

Wie »schreibe« (besser: zeichne) ich mit?

62 Kehren wir zur Detail-Mind Map »Vertrag« (Abb. 12, 14) zurück und schauen uns an, was von der Vorlesung in diesem Wissensnetz hängen geblieben ist. Folgt der Vortragende seinem (im Skript niedergelegten) Aufbau, können Sie Ihrer vorbereiteten Wissenslandkarte entsprechende Schlüsselbegriffe hinzufügen. Die prägnante Verknappung zu Schlüsselbegriffen bereitet ein wenig Mühe, ist jedoch vorteilhafter als das bislang praktizierte Mitschreiben von Teilsätzen, wobei Sie schnell den Anschluss an die Gedanken des Vortragenden verlieren. Ihre Mind Map hat so folgende Gestalt angenommen:

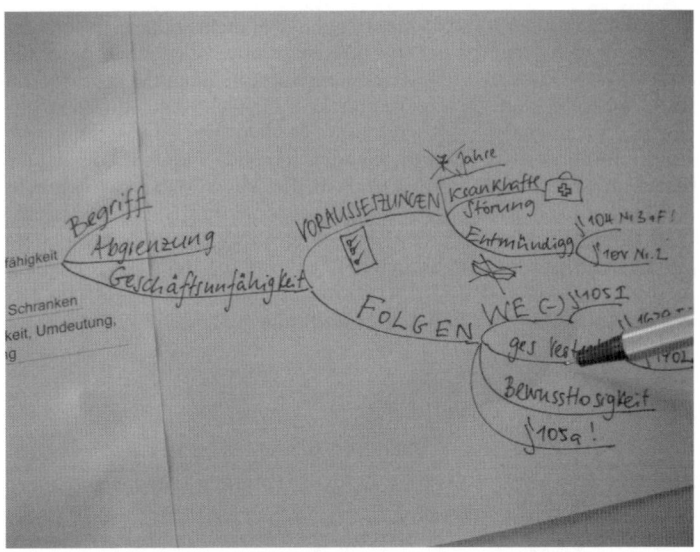

Abb. 15: Erweiterung von Vertrag, Rechtsgeschäft

In die vorbereitete Mind Map fügen Sie im Laufe des Vortrages weitere Schlüsselworte hinzu, die das Gebiet tiefer erschließen. 63

Ein gut gegliederter Vortrag wird Ihnen die Aufzeichnung erleichtern, denn Sie können anhand Ihrer Wissenslandkarte nachvollziehen, wo sich der Vortragende gerade bewegt und finden auch anhand seiner Schlüsselworte (»kommen wir zur *Geschäftsfähigkeit* ...«) leicht wieder den Anschluss. 64

Begriffsdefinitionen, die für sich genommen verstanden werden, deren Einordnung im juristischen System ansonsten jedoch unklar ist, werden gleich richtig zugeordnet. 65

Schwieriger ist es, wenn der Vortrag von der von Ihnen antizipierten Struktur abweicht (entweder weil er nicht bekannt ist, weil Sie sich nicht vorbereitet haben oder weil der Vortragende seinerseits frei assoziiert). Dann müssen Sie sich eine eigene Struktur erstellen. Versuchen Sie die Hauptäste zu identifizieren, indem Sie Schlüsselworte des Vortrages aufnehmen. Ihre Mind Map ist der Spiegel des Vorgetragenen einerseits und dessen, was bei Ihnen angekommen ist. Sollte Ihnen Ihre Mind Map unübersichtlich erscheinen, liegt die Ursache hierfür nicht allein bei Ihnen! 66

67 Auch erfahrenen Mind Mappern gelingt es nicht immer, die wesentlichen von den unwesentlichen Punkten zu unterscheiden und nur die wesentlichen Punkte in die Zeichnung aufzunehmen. Sie können am Ende, wenn Sie den Vortrag überblicken, Gewichtungen durch farbliche Markierungen oder Korrekturen vornehmen. Häufig lohnt sich eine Reinschrift zu Hause, in die auch fehlende Aspekte oder Überhörtes mit Hilfe von Lehrbüchern in die Mind Map aufgenommen werden kann. So erledigen Sie die Aufbereitung in spielerischer Form.

68 In Ihren Unterlagen zu den Vorlesungsmitschriften legen Sie diese Aufzeichnungen bis zur nächsten Wiederholung oder Beschäftigung in Ihrem strukturierten Ordnersystem ab. Die Ordnung hierfür haben Sie sich auf der Grundlage der Grobübersicht (Abb. 9) erstellt.

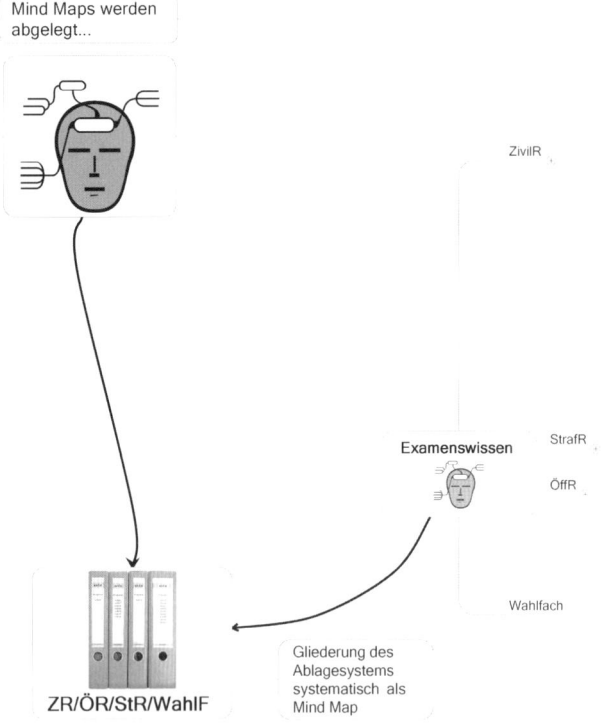

Abb. 16: Ordnersystem

Tipp

Nutzen Sie bei Vorlesungsmitschriften ein DIN-A3-Papier. Sie werden den größeren Spielraum zu schätzen wissen.

In Ihre Mind Map können Sie auch einen »Maßnahmen-Zweig« (to do) integrieren, etwa zur Aufnahme von

- zu lesender Lektüre
- eigenen Ideen
- Nacharbeiten
- Terminen

Das Aufzeichnen von Vorlesungen erfordert Konzentration: zuhören, Schlüsselworte aufgreifen oder bilden, strukturieren. Dennoch ist die Methode allen anderen überlegen, weil Sie weniger Worte schreiben müssen als bei den üblichen linearen Mitschriften. Auf einem Blatt Papier können Sie in der Regel eine Doppelstunde abbilden ohne die Übersicht zu verlieren. Dem stehen ganze Sätze und mehrseitige Aufzeichnungen gegenüber, die nur eine chronologische Wiedergabe der Vorlesung sind und auch dies nur lückenhaft und unübersichtlich und schon gar nicht mit einem Blick aufnehmbar.

Lektüre von Lehrbüchern

Sie haben oben schon gesehen: Lesen ist die schlechteste Form der Informationsaufnahme und ein stetes Ankämpfen gegen das Vergessen. Mit Mind Mapping können Sie Ihre Lektüre durch eine begleitende Strukturierung zu einem gewinnbringenden und zielgerichteten Vorgang machen.

➢ Schritt 1 – Überblick gewinnen!

- Beginnen Sie beim Inhaltsverzeichnis. In welchem Zusammenhang steht Ihr geplantes Lesepensum (z.B. ein bestimmtes Kapitel)?
- Überfliegen Sie den Text, um ein Gefühl für die wichtigen Informationen zu bekommen.
- Schauen Sie sich gegebenenfalls Zusammenfassungen am Ende des Textes an. Sie wissen dann bei der genauen Lektüre, auf welches Ziel die Darstellung zusteuert.
- Stellen Sie Fragen an den Text!
- Was wissen Sie zum Thema (z.B. aus der Vorlesung)?

- Welche Fragen sollen beantwortet werden?
- Stellen Sie Ihre Fragen und ihr Wissen zum Thema in einer kleinen Mind Map zusammen.

> Schritt 2 – Darstellung der Fachlektüre mit einer Mind Map

72 Nach diesem schnellen Überblick erstellen Sie die Mind Map, die das Thema in einem nunmehr engmaschigeren Wissensnetz erschließt.

73 Vom Thema des Textes ausgehend, repräsentieren die Hauptäste die grundlegenden Ideen des behandelten (Teil-) Rechtsgebietes.

74 Nachdem Sie für den Text die Hauptastebenen festgelegt haben, betrachten Sie den Text zur Festlegung der ersten Unterebene.

75 Bei juristischen Büchern wird dies in der Regel die nächste Gliederungsebene sein. Bei Aufsätzen mit geringerer Strukturierungstiefe müssen Sie unter Umständen anders verfahren.

76 Vergleichen Sie Ihre Mind Map mit Ihrer überblicksartigen Aufzeichnung mit Fragen und Wissen zum Thema! Müssen Sie Ihre Mind Map zum Fachtext darauf abstimmen?

77 Das kann sinnvoll sein, wenn Sie ein Fachbuch oder einen Aufsatz zur Klärung einer ganz bestimmten Frage zu Rate ziehen, etwa um verschiedene Themen zu einem juristischen Problem zusammenzustellen.

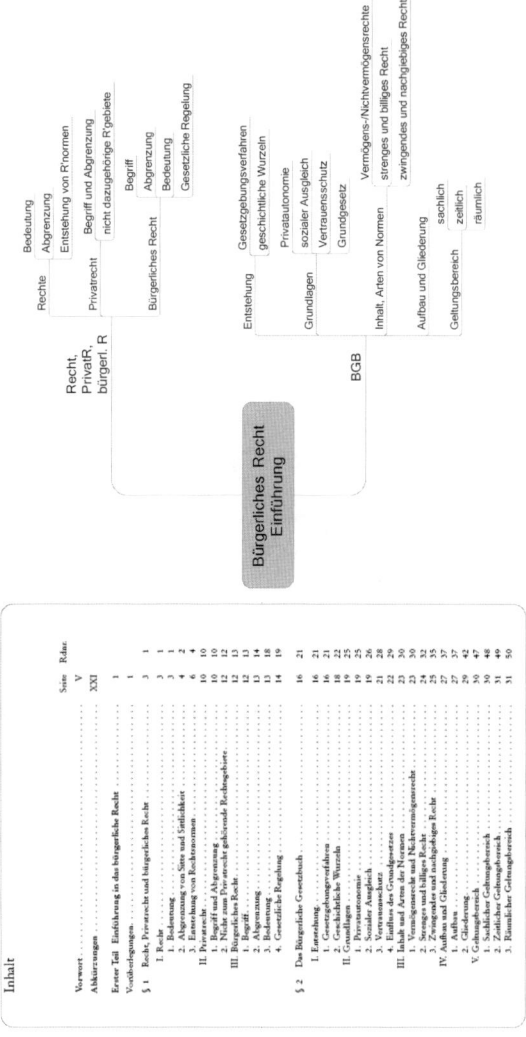

Abb. 17: Bürgerliches Recht, Einführung

➢ Schritt 3 – Lesebegleitende Aufzeichnung

78 Durch diese Vorbereitung, die abhängig von Ihrer Routine und vom Umfang des Textes nicht mehr als 15 Minuten in Anspruch nehmen muss, gehen Sie mit Struktur an die Lektüre heran, denn Sie kennen Ihre Wissensziele und die Fragen, die Ihnen der Text beantworten soll. Nachdem Sie Ihre Mind Map zum Fachtext erstellt haben, erkennen Sie, wo Sie nachlesen müssen. Die für Sie relevanten Informationen nehmen Sie in Ihre Fachtext-Mind Map auf.

➢ Schritt 4 – Ziehen Sie Bilanz!

79 Ihre Lektüre ist beendet. Ziehen Sie Bilanz! Sind Ihre Fragen beantwortet? Was ist noch offen geblieben? Markieren Sie Ihre Mind Map und heben Sie die wichtigen Informationen hervor.

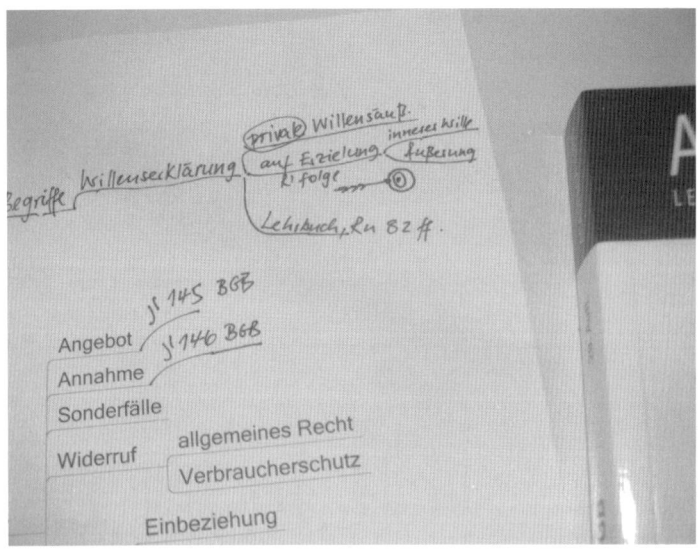

Abb. 18: Mind Map mit Ergänzungen

Tipps

Geben Sie Ihrer Mind Map mehr »Tiefe«, indem Sie Zweige mit Titelangaben und Seitenzahlen versehen. Das erleichtert Ihnen später das Auffinden der Textstellen, wenn Sie sich noch einmal eingehender mit dem Thema beschäftigen möchten.

Fazit

Die eigene Erfahrung zeigt, dass Fachtext-Mind Maps ein effektives Instrument sind, den Zugang zur Fachlektüre zu erleichtern und ihre Ergebnisse dauerhaft zu speichern. Es beschleunigt das Wiederlesen ernorm. Dank der im Voraus erarbeiteten Struktur bleibt keine Information unverbunden. Das Ihnen bislang ungewohnte Vorgehen des »Vorscannens« des Textes und Visualisierung seiner Struktur als Mind Map gelingt mit ein wenig Übung recht schnell. Sie werden Texte auch immer schneller nach Schlüsselworten durchsuchen können und auf wiederkehrende Darstellungsmuster treffen. So sind die Grundstrukturen schnell zu Papier gebracht. Bei kürzeren Texten habe ich die Erfahrung gemacht, dass die Gedankenkarten nicht einmal erstellt werden müssen, sondern dem geistigen Auge zur Verfügung stehen und Ihnen die Zuordnung der Informationen abnehmen.

Zu den wichtigsten Lehrbüchern und Skripten sollten Sie Mind Maps erstellen. Sie sind der Schlüssel zum Textverständnis und weisen den Weg zur dauerhaften Verankerung der gelesenen Informationen.

Jura lernen und begreifen – Die Aufbereitung des Lernstoffes

Klausuren schreiben – Wissen abrufen

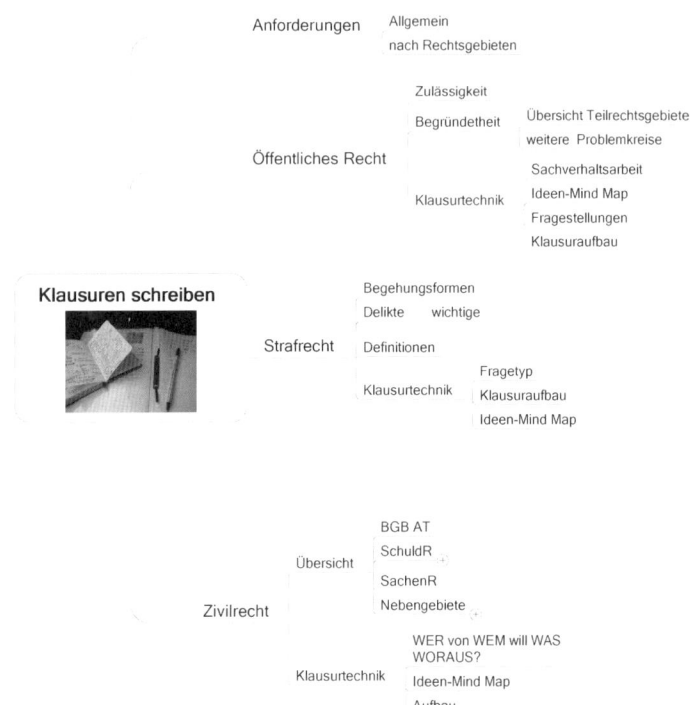

Abb. 19: Klausuren schreiben

82 Klausuren zu schreiben, bedeutet im Studium den Ernstfall. Hier kommt es darauf an, das erarbeitete Wissen für die juristische Falllösung abzurufen.

83 In diesem Kapitel erfahren Sie, welche Mind Maps Sie im jeweiligen Rechtsgebiet erarbeitet haben sollten, welche Klausurtechniken Sie in den Hauptrechtsgebieten beherrschen müssen und wie Sie Mind Maps in der Klausur bei der Arbeit am Sachverhalt, beim Klausuraufbau, bei der Anspruchsprüfung und der Anspruchsdarstellung einsetzen können. Einige Muster-Mind Maps im Buch geben konkrete Hilfestellungen.

Je nach Fortschritt Ihres Studiums haben Sie Ihren Lernstoff systematisch aufgenommen, mit Mind Maps aufbereitet und mit einem geeigneten Wiederholungsmanagement in Ihrem Gedächtnis verankert.

Ihr Wissen müssen Sie nun mit der geeigneten Klausurtechnik einsetzen. Auch hier kann Ihnen das Mind Mapping wertvolle Dienste leisten.

Sicherheit in der Klausur gewinnen Sie, wenn Sie sich in den Hauptrechtsgebieten Folgendes erarbeitet haben:

➢ Öffentliches Recht

Als Mind Map dargestellt sollten dies in der Zulässigkeit sein:

Jura lernen und begreifen – Die Aufbereitung des Lernstoffes

- Eine Übersicht der verschiedenen Klagearten auf einem Blatt.

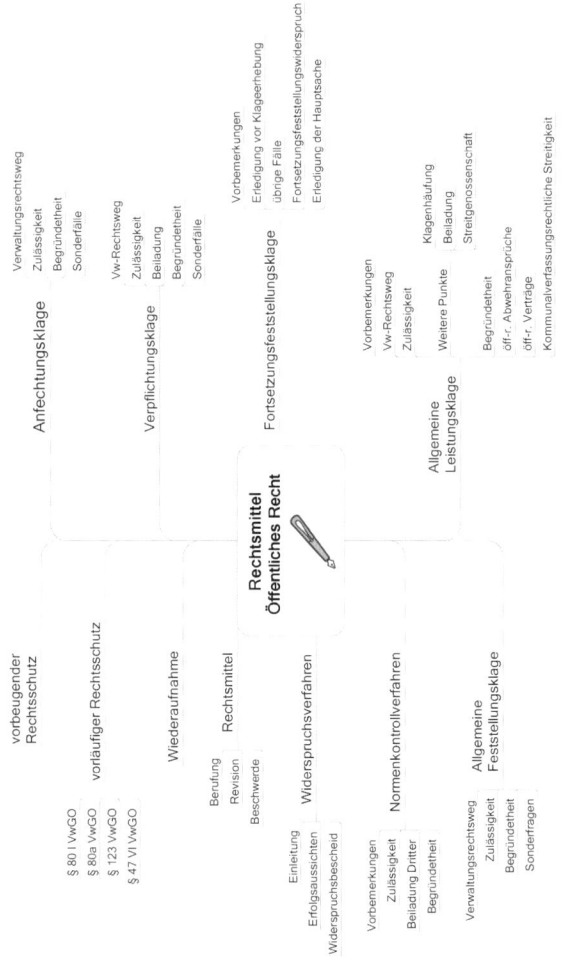

Abb. 20: Rechtsmittel Öffentliches Recht

- Spezielle Mind Maps zum Zulässigkeitsschema der einzelnen Klagearten. Hier sollten Ihnen wichtige Problemkreise als Schlüsselworte präsent sein.

In der Begründetheit sollten dies sein: 87

- Übersichten zu den einzelnen Teilrechtsgebieten. Für das Bau-, Kommunal- oder Polizeirecht lassen sich die wichtigsten Fragestellungen als Gedankenkarten zusammenfassen.
- Daneben sollten Fragen wie Ermessen unbestimmter Rechtsbegriff oder Verwaltungsakt ebenfalls aufbereitet sein.

Hilfreich sind Mind Maps auch bei der Sachverhaltsarbeit. Der Sachverhalt einer Klausur stellt eine verschlüsselte Lösung des Falles dar. Jedes Element der Musterlösung findet seinen Niederschlag im Sachverhalt. 88

Erstellen Sie sich parallel zur Lektüre des Sachverhalts eine Ideen-Mind Map. Machen Sie dies gleich zu Beginn, denn bei der ersten Lektüre gehen Sie noch unvoreingenommen an den Text heran. Achten Sie auf Schlüsselworte! 89

Im Zusammenhang mit der Fallfrage lassen Sie diese Schlüsselworte im Sachverhalt an bestimmte Rechtsprobleme denken. Nehmen Sie jeden Satz des Sachverhaltes auf mögliche Ideen in Ihr Blickfeld. Am Ende der Lektüre haben Sie auf einer Seite alle Probleme, Normen und Ideen zusammengestellt. Beim Aufbau Ihrer Klausur sollten Sie diese Übersicht immer wieder zur Hand nehmen, gegebenenfalls auch ergänzen. 90

Im Öffentlichen Recht bereitet der Aufbau die geringsten Schwierigkeiten. In vielen Fällen des Öffentlichen Rechts ist zu prüfen, ob ein bestimmtes staatliches Handeln rechtmäßig war oder ob ein Anspruch auf ein bestimmtes Tätigwerden besteht. 91

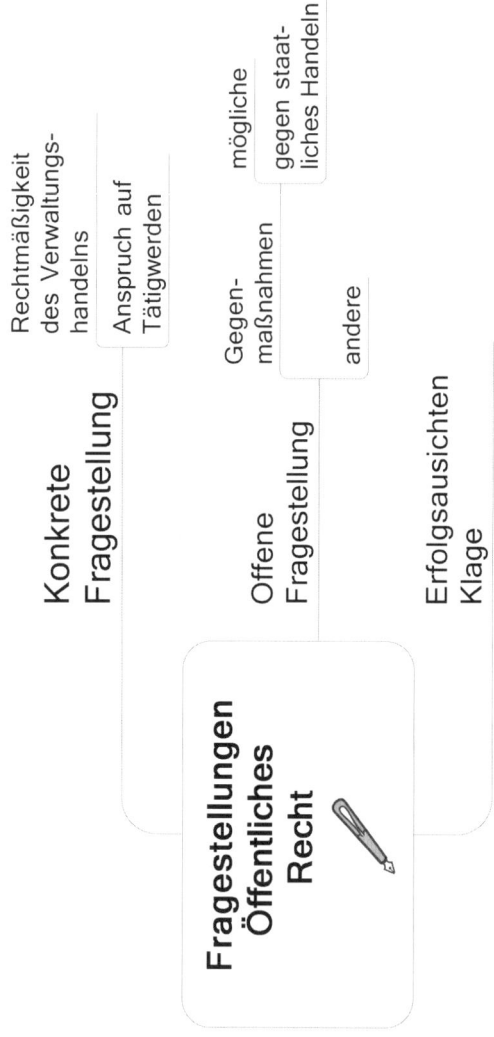

Abb. 21: Fragestellungen Öffentliches Recht

In bestimmten Fällen ist der Aufbau vorgezeichnet, etwa bei den Klagearten. Den Klausuraufbau sollten Sie in Form einer Mind Map vornehmen. 92

Das grundlegende Gerüst hierzu werden Sie ohne weiteres zu Papier bringen können. Anders als bei einer linearen Gliederung, die schnell zwei Seiten umfassen kann, behalten Sie so Ihre Klausurlösung als Ganzes im Blick. An den Stellen, an denen die Klausurklippen liegen, können Sie Ihre Zweige mit Hilfe der Merkmuster aus Ihren erarbeiteten Zusammenfassungen ergänzen. 93

So entwickeln Sie Punkt für Punkt Ihre Falllösung. Die offene Struktur der Mind Map (Abb. 22) lässt Sie Gedanken aufnehmen, die bei linearer Gliederungsstruktur »hineingequetscht« oder mit Verweisungen »eingebaut« werden müssten. Darunter leidet die Übersicht. 94

Jura lernen und begreifen – Die Aufbereitung des Lernstoffes

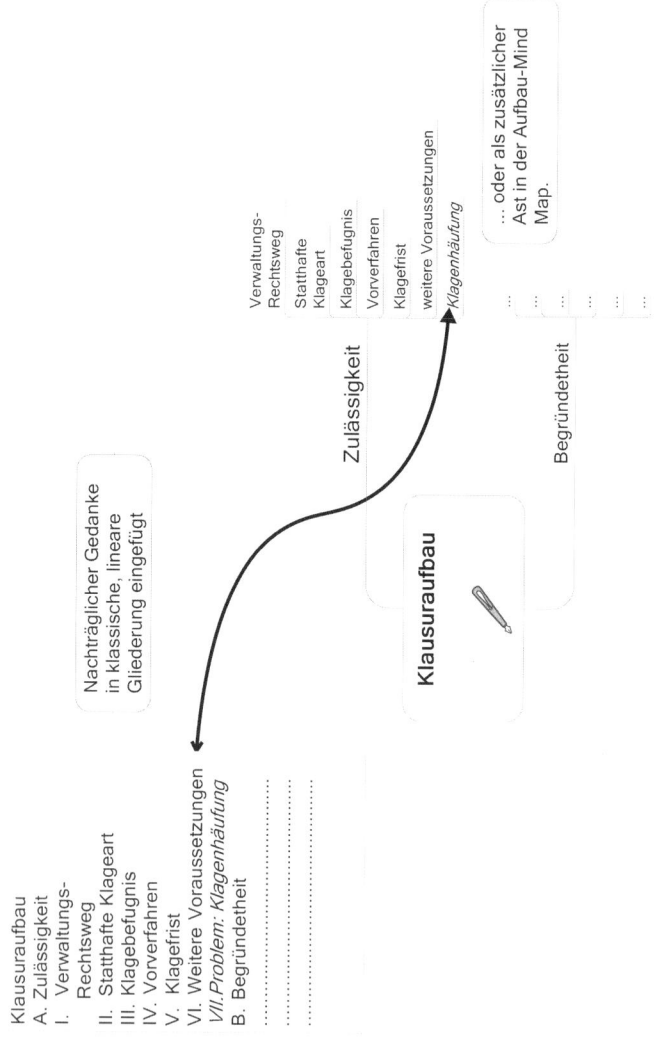

Abb. 22: Klausuraufbau mit nachträglichen Gedanken

➢ Strafrecht

Im Strafrecht sollten Sie sich je nach Studienfortschritt Folgendes erarbeitet haben: 95

- Übersichten zu den verschiedenen Begehungsformen (Vorsatz, Fahrlässigkeit, Unterlassen, Versuch, Täterschaft und Teilnahme)
- Übersichten zu den wichtigsten Delikten (etwa §§ 242, 249, 303)

In diesen Mind Map-Übersichten lassen sich die Beziehungen von objektiven und subjektiven Tatbestandsmerkmalen graphisch verdeutlichen. 96

- Übersicht zu wichtigen Definitionen

Der Aufbau und die zu behandelnden Rechtsfragen ergeben sich aus den beiden vorherrschenden Fragetypen entweder als konkrete (Wie hat sich A strafbar gemacht?) oder offene Fragestellung (Wie ist der Fall strafrechtlich zu beurteilen?). Der erste Typ erlaubt den sofortigen Einstieg. 97

Der Klausuraufbau im Strafrecht ist im Vergleich zum Öffentlichen Recht schon komplexer. Er richtet sich nach Tatkomplexen. Innerhalb der Tatkomplexe ist die Strafbarkeit der in den einzelnen Handlungsabschnitten Beteiligten zu untersuchen. Hierzu müssen die in Frage kommenden Straftatbestände gefunden werden. 98

Bei dieser Komplexität unterstützt das Mind Mapping Sie ideal. Die Vielzahl der in der Klausur zu erledigenden Aufgaben können strukturiert auf einem Blatt aufgenommen werden und bleiben präsent. Die Sachverhaltslektüre sollten Sie mit einer Ideen-Mind Map begleiten (siehe Rn. 89). 99

Ihre Klausuraufbau-Mind Map bereiten Sie gedanklich nach folgenden Kriterien vor:

Jura lernen und begreifen – Die Aufbereitung des Lernstoffes

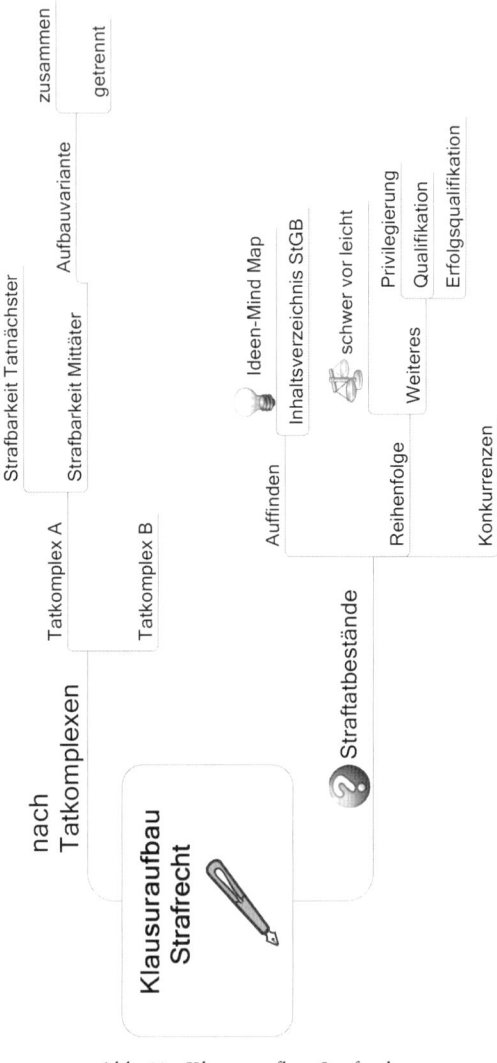

Abb. 23: Klausuraufbau Strafrecht

Diese Aufbau-Mind Map, die sich je nach Lage des Sachverhalts ent- 100
wickelt, wird Sie zusammen mit der Ideen-Mind Map sicher durch
den Fall führen. Gerade im Strafrecht kommt es bei der Prüfung vieler
Beteiligter oder der Prüfung zahlreicher Straftatbestände darauf an,
dass Sie den Gesamtüberblick bewahren.

➢ Zivilrecht

Der Umfang des erwarteten Wissens ist enorm. Aber die grundlegen- 101
den Mind Maps zur Struktur des Zivilrechts und die Grundlagen der
Anspruchsprüfung führen Sie zum feinmaschigen Netz der Spezialfragen. Ausgangspunkt und Einstieg bei vielen zivilrechtlichen Klausuren ist die Frage »Wer will was von wem woraus?«

Folgendes sollten Sie sich erarbeitet haben: 102

Jura lernen und begreifen – Die Aufbereitung des Lernstoffes

- Übersicht: **Wer** vom **wem**?

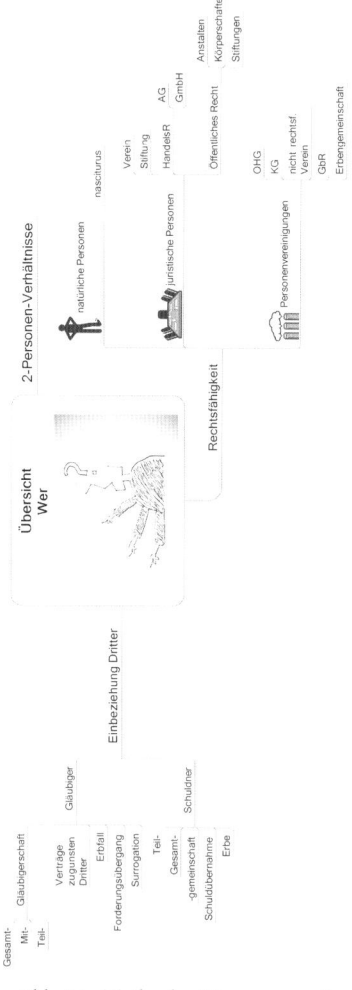

Abb. 24: Zivilrecht, Wer von wem?

Klausuren schreiben – Wissen abrufen

- Übersicht: Wer von wem **was** woraus?

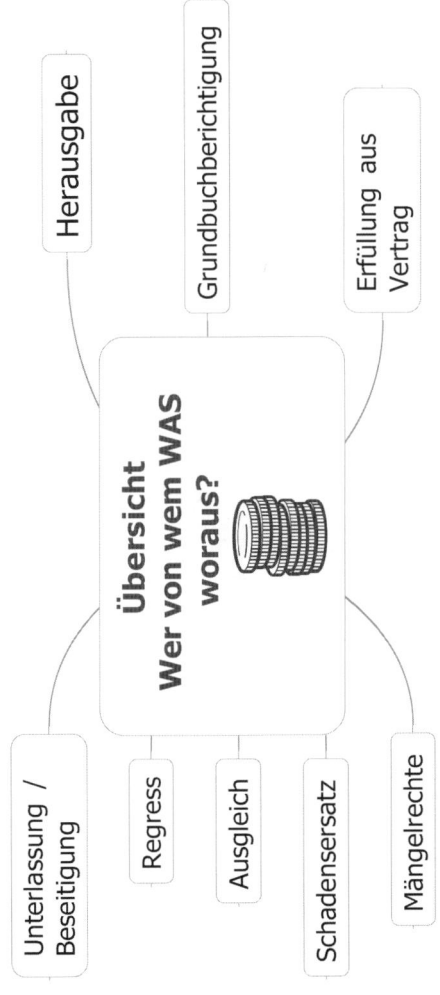

Abb. 25: Zivilrecht, Wer von wem was woraus?

Jura lernen und begreifen – Die Aufbereitung des Lernstoffes

- Übersicht: Wer von wem was **woraus**?

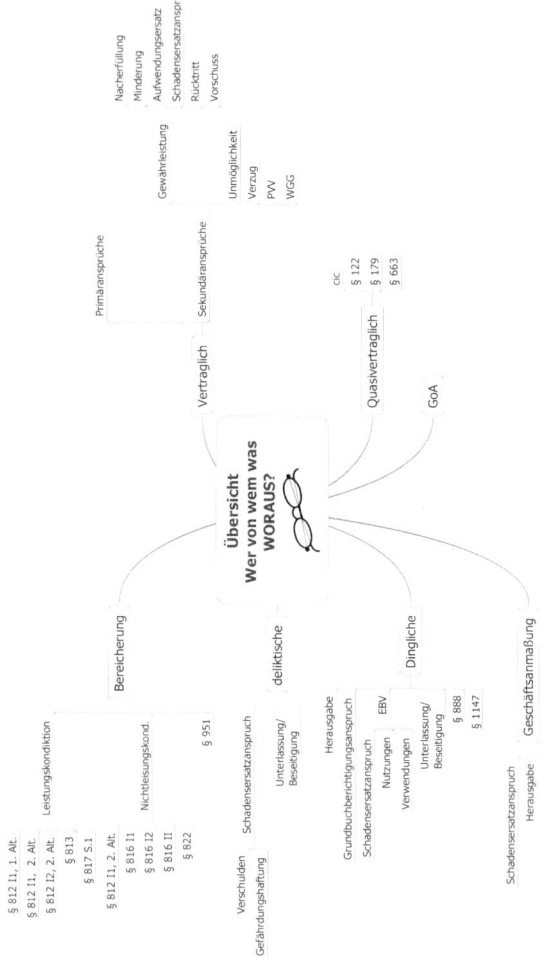

Abb. 26: Zivilrecht, Wer von wem was woraus?

Der Klausuraufbau im Zivilrecht und das Management der Erarbeitung der Falllösung sind schwieriger, aber auch hier gilt: 103

Lesen Sie zunächst die Fallfrage und fertigen Sie parallel schon bei der ersten Lektüre des Sachverhaltes eine Ideen-Mind Map. In zivilrechtlichen Klausuren kann in dieser Ideensammlung eine Vielzahl von Punkten zusammenkommen. Doch liegt der Vorteil der Mind Map gerade darin, dass Sie hier mit großen Informationsmengen umgehen und graphisch eine Vorstrukturierung vornehmen können. 104

In der zivilrechtlichen Klausur ist das Spektrum möglicher Fallfragen im Vergleich zum öffentlichen Recht und zum Strafrecht ungleich größer. Denkbar ist eine eindeutige Fragestellung, die einen bestimmten Aufbau nach sich zieht. 105

Jura lernen und begreifen – Die Aufbereitung des Lernstoffes

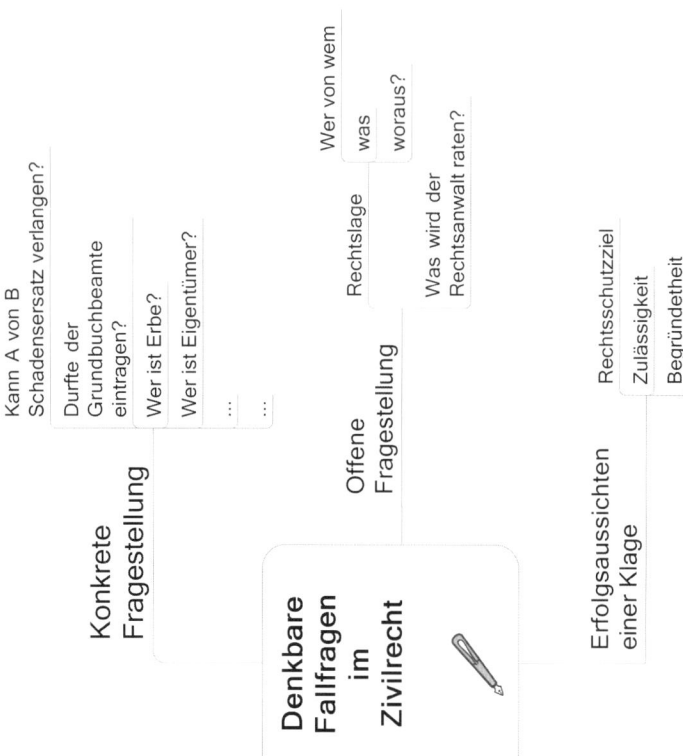

Abb. 27: Denkbare Fallfragen im Zivilrecht

Bei allen Fragestellungen werden Sie in der Klausur Ihr Wissen gezielt abrufen müssen. Die Vorstrukturen, die Sie sich zu den zu erörternden Fragen erarbeitet haben, helfen Ihnen. Je konkreter die Fragestellung (Wer will was vom wem woraus?) desto klarer stehen Ihnen Ihre Merkmuster vor Augen. Bei offenen Fragestellungen (Anwaltsklausuren) werden Ihre Ideen-Mind Maps und Ihre Assoziationen zu denkbaren Rechtsfragen nach Lektüre des Sachverhaltes eine besondere Rolle spielen. Hier müssen Sie sich in eine bestimmte Position versetzen und den Fall aus einer bestimmten Perspektive betrachten. Gerade hier werden die ersten Anstöße aus den Gedanken Ihrer Ideen-Mind Map kommen.

Fazit

Arbeiten Sie bereits bei der Aufbereitung Ihres Lernstoffes mit Mind Mapping. Setzen Sie die Technik bereits in Übungsklausuren ein. Wenn Sie früh beginnen, also zu einem Zeitpunkt, zu dem die Stoffmenge noch keine unübersichtlichen Ausmaße angenommen hat, werden Sie Ihre Fertigkeiten rasch trainieren können.

Haus- und Seminararbeiten:
Vorbereitung, Konzeption, Vortrag

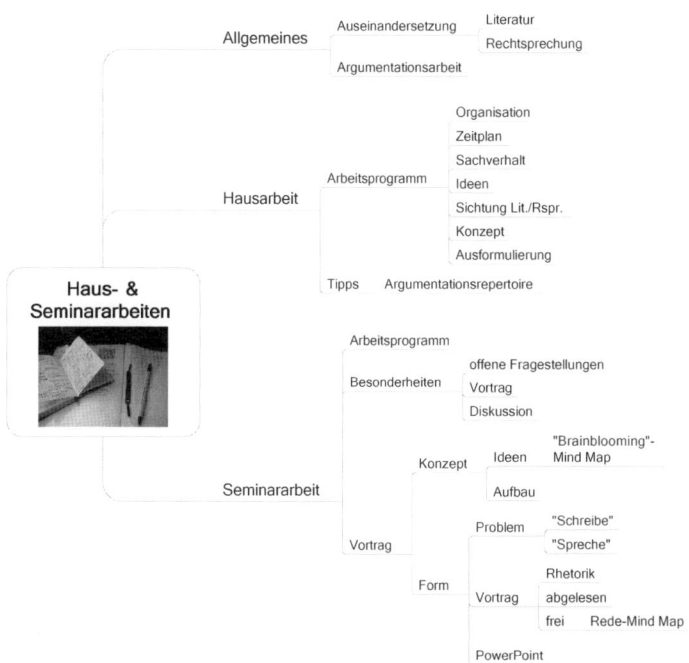

Abb. 28: Haus und Seminararbeiten

Die zeitliche Planung von Hausarbeiten, die Ausarbeitung einer ausgefeilten Argumentation oder Ihr Vortragskonzept – dieses Kapitel zeigt Ihnen, wie Sie Ihre Haus- und Seminararbeiten umfassend durch Mind Maps begleiten und den Blick für das Wesentliche gewinnen.

109 Sie sind jetzt schon ein erfahrener Mind Mapper. Die Technik bietet Ihnen schon eine Fülle von Einsatzmöglichkeiten. Jetzt freilich haben Sie mehr Zeit als in der knapp bemessenen Frist einer Klausur.

110 Im Unterschied zu Klausuren müssen Sie sich in Hausarbeiten vertieft mit Rechtsprechung und Literatur auseinandersetzen. Für Sie bedeutet dies mehrerlei: Die längere Ihnen zu Verfügung stehende Zeit muss vernünftig genutzt, also *organisiert* werden.

111 Von Ihnen wird die Einarbeitung einschlägiger Rechtsprechung und Literatur erwartet, die Sie *finden, sichten* und *aufbereiten* müssen. Sie müssen eine Lösung *konzipieren* und es wird eine flüssige Argumentation erwartet. Schließlich haben Sie dies formal korrekt (bestimmte Form, Umfang) zu präsentieren.

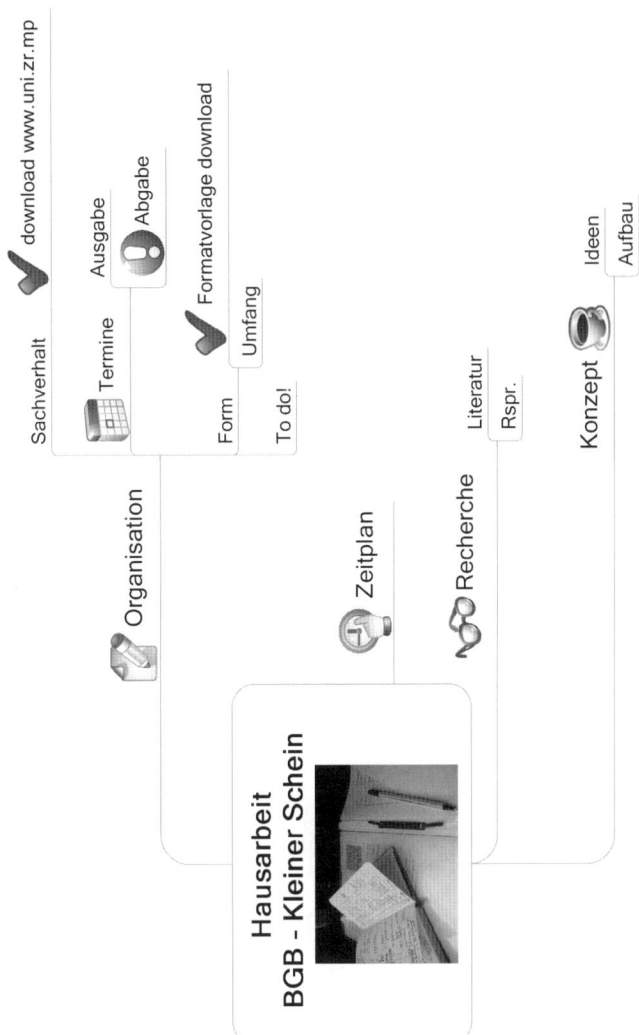

Abb. 29: Hausarbeit BGB – Kleiner Schein

112 Nehmen Sie zu Beginn am besten einen DIN A3-Bogen (oder zwei DIN A4-Bögen, die Sie zusammenkleben) und stellen Sie so wie im obigen Beispiel (Abb. 29) Ihr Aufgabenprogramm zusammen. Dieser »Schaltplan« begleitet Sie bis zur Abgabe der Haus- oder Seminararbeit. Dort markieren Sie Erledigtes durch farbliche Markierungssymbole oder in anderer sichtbarer Form.

113 Für Ihr Konzept, das sich nach und nach entwickelt, sollten Sie ebenfalls einen DIN A3-Bogen benutzen. Es mag sein, dass die erste Konzeptskizze noch auf einem kleineren Format Platz hat, aber mit zunehmender Bearbeitungstiefe können Sie den zusätzlichen Raum gut gebrauchen, um an den für die Hausarbeit kritischen Punkten in Kurzform Literaturmeinungen, Rechtsprechung und die Quellenangaben unterzubringen.

114 Der Vorteil *einer* zentralen großen Mind Map ist, dass Sie die Übersicht über das Ganze behalten. Durch die Vielzahl der an bestimmten Stellen angefügten Zweige lassen sich Schwerpunkte der Hausarbeit erkennen.

115 Sie entdecken so auch früh, wo in Ihrer Konzeption Ungleichgewichte entstanden sind (»Kopflastigkeit«).

116 Das sollte Sie freilich nicht hindern, zu einzelnen Punkten im Detail gesonderte Mind Maps zu erstellen. Zu einer schwierigen Rechtsfrage mit viel Rechtsprechung und Literatur können Sie so viel besser und ohne platzmäßige Beschränkung die notwendigen Informationen zusammenstellen und Ihre Argumentations-Konzeption erarbeiten. Machen Sie in der großen Mind Map (oder Master-Mind Map), einen Verweis auf diese Ausarbeitung! Vergessen Sie dabei nicht, die Ergebnisse später in die Master-Mind Map in Kurzform aufzunehmen. Denn auch wenn Sie auf einem neuen Papier weiterdenken, um sich neuen Raum zu schaffen, so müssen die Ergebnisse am Ende an einer Stelle zusammengeführt werden.

117 Die Anfertigung solcher Detail-Mind Maps wird bei allen in der Hausarbeit angelegten Streitfragen sinnvoll sein. Hier kann man auch Ideen, die sich aus dem Gespräch mit Kommilitonen ergeben, aufnehmen (»Flurgespräche«).

118 In der Schreibphase können Sie Detail-Mind Maps für Ihre Argumentation erstellen. Lösen Sie sich einmal von Ihren zusammengetragenen Materialien. Erstellen Sie Ihre Argumentationslinien ohne Ihr gesammeltes Material. Ihr Kopf ist »aufgeladen« mit allen notwendigen Informationen. Nun entwerfen Sie in eine Mind Map indem Sie die Vielzahl Ihrer Überlegungen sinnvoll verknüpfen. Schöpfen Sie

aus dem reichen Argumentationsspektrum, das Sie im Studium kennengelernt haben (Abb. 30).

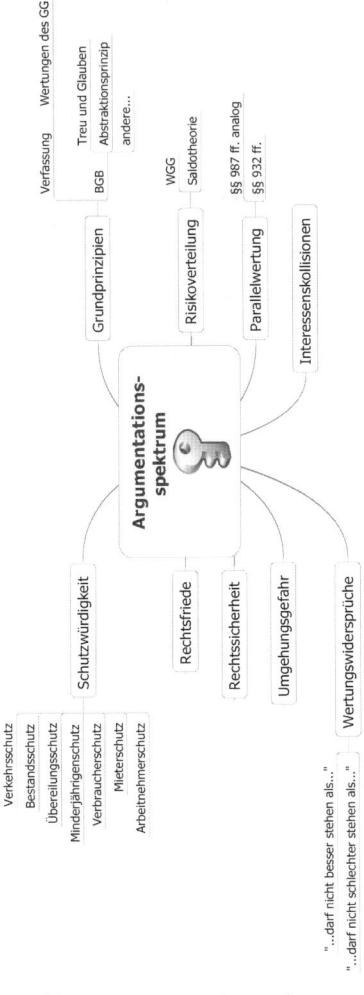

Abb. 30: Argumentationsspektrum

119 Sie müssen nun die Schlüsselworte und die enthaltenen Argumente in Sätze fassen. Aber dank der Strukturierung wird es Ihnen nicht schwer fallen Argumente und Zusammenhänge darzustellen.

➢ Seminararbeiten

120 Für Seminararbeiten gilt das gerade Dargestellte entsprechend.
Seminararbeiten haben häufig offene Fragestellungen. Viele Studenten haben Schwierigkeiten, mit einem nicht vorgegebenen Aufbau umzugehen.

121 »Denken Sie auf Papier!« Sammeln Sie Ideen zu der Form, in der das Seminarthema dargestellt werden könnte. Notieren Sie alle Assoziationen zu einem Thema auf Papier. Hören Sie erst auf, wenn Ihnen nichts mehr einfällt! Ordnen Sie Ihre Assoziationen. Was passt thematisch zusammen? Unter welchen Oberbegriff lassen sich Ihre Ideen bringen? Nun haben Sie bereits ein »Gefühl« für Ihr Thema bekommen. So könnten Ihre Assoziationen zu einem bestimmten Thema aussehen (Abb. 31):

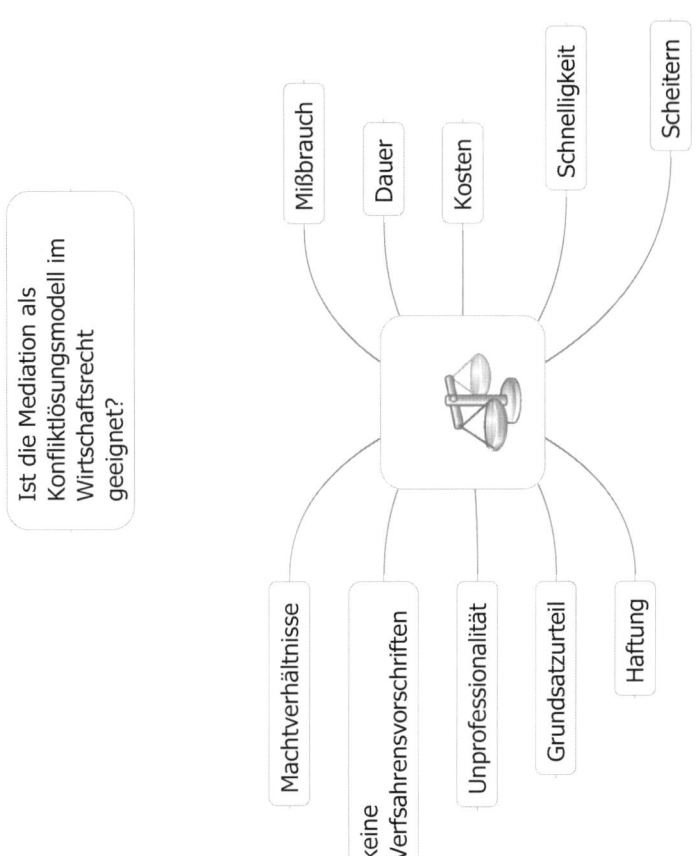

Abb. 31: Ideensammlung zu einem Seminarthema

122 Die weitere Strukturierung in einer zweiten Mind Map (siehe Abb. 32) weckt weitere Assoziationen für den Aufbau Ihrer Arbeit.

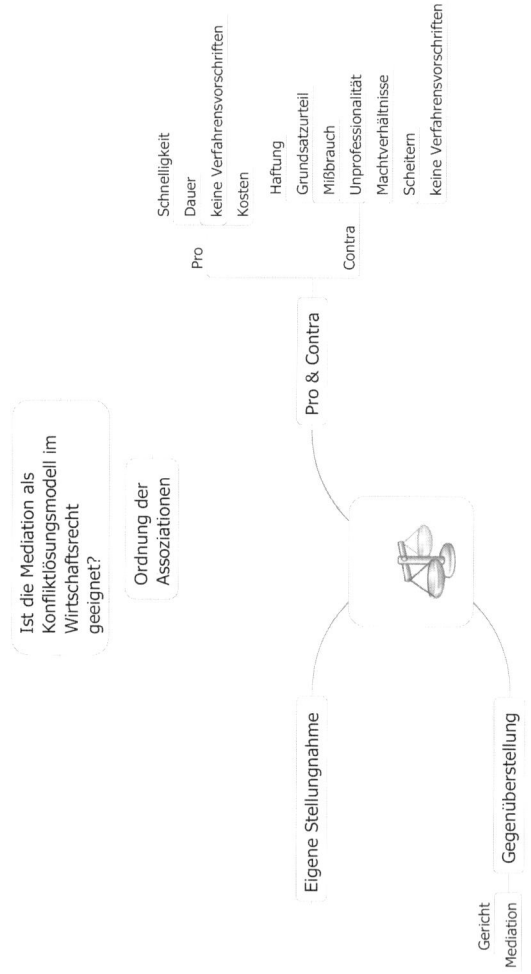

Abb. 32: Ordnung der Ideen

Ihr weiteres Konzept erstellen Sie ausgehend von diesen Überlegungen als Mind Map.

> Vortrag

Bei einer Seminararbeit präsentieren Sie Ihre Ergebnisse nicht nur schriftlich. Von Ihnen wird überdies erwartet, dass Sie diese vor den anderen Teilnehmern darlegen und Ihre Thesen zur Diskussion stellen.

Der mündliche Vortrag ist vermutlich neu für Sie. Erwartet wird von Ihnen ein freier Vortrag, die Anregung zur Diskussion und die selbstbewusste Auseinandersetzung mit den Ergebnissen Ihrer Arbeit.

Grundlegende Fertigkeiten der Rhetorik müssen Sie natürlich einüben. Haltung, Stimme, Gestik. Den Vortrag ohne mehrseitiges Konzeptpapier oder gar in freier Form halten zu können, bedeutet einen großen Freiheitsgewinn. Das sollte in Arbeitsgemeinschaften vorher eingeübt werden.

Der Vortrag wird in der Regel eine Kurzfassung Ihrer Arbeit sein und eine Zuspitzung auf die wichtigsten Thesen, zu denen eine Diskussion angestoßen werden soll.

Anstelle eines linearen Vortragkonzeptes (Gliederung mit Ausformulierung) erstellen Sie Ihren »Vortragsfahrplan« als Mind Map.

Haus- und Seminararbeiten: Vorbereitung, Konzeption, Vortrag

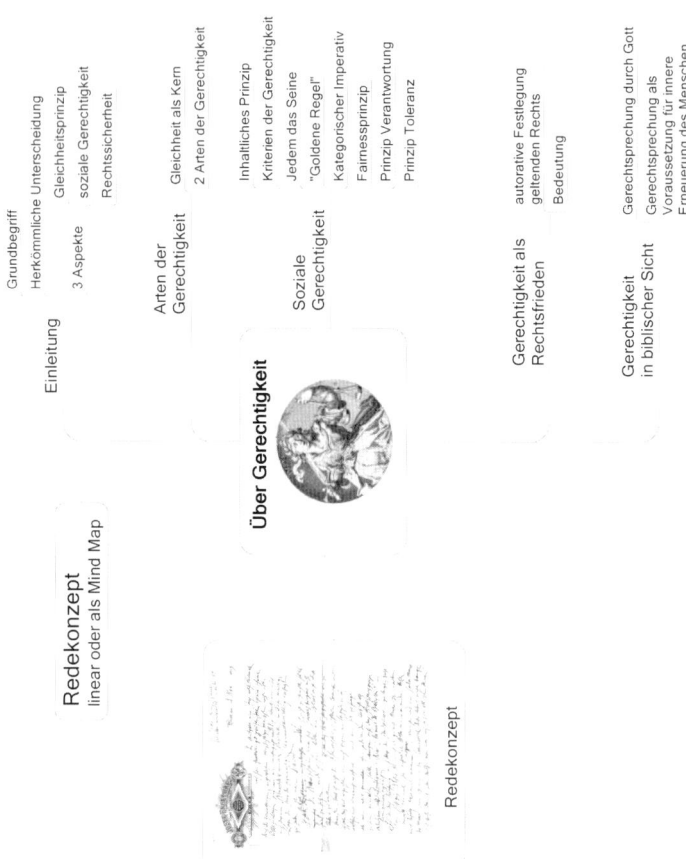

Abb. 33: Mind Map-Redekonzept über Gerechtigkeit

129 Es wird Ihnen nach Anfertigung der Seminararbeit nicht schwer fallen, aus dem Kopf die wichtigsten Aussagen zusammenzufassen, zu Thesen zu bündeln und provokante Zuspitzungen für die Diskussion ans Ende zu stellen. In allgemeiner Form könnte Ihr Redekonzept so aussehen:

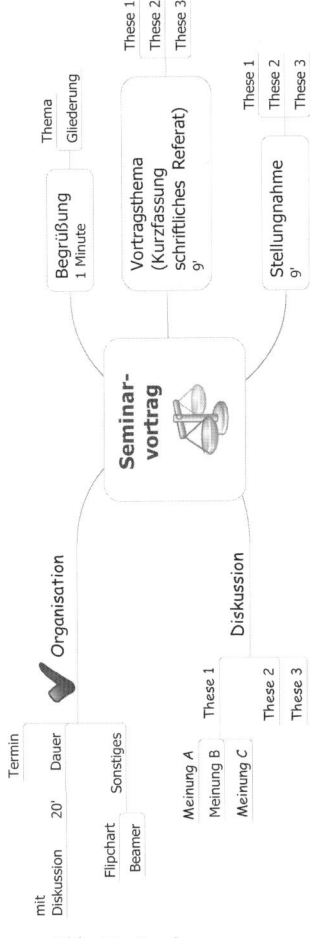

Abb. 34: Seminarvortrag

130 Fügen Sie an die Hauptzweige Ihrer Mind Map, die die wesentlichen Abschnitte Ihres Vortrags wiedergeben, die geplante Dauer ein. Ist Ihre Gedankenkarte groß genug? Kann sie ausgearbeitet vor Ihnen liegen und können Sie bei Ihrer »freihändigen« und freistehenden Rede notfalls einen schnellen Blick auf sie werfen? Dann sind alle Voraussetzungen für einen lebendigen Vortrag gegeben.

131 Wenn Sie Ihre Rede jederzeit überblicken, können Sie auch Zwischenfragen nicht mehr aus dem Konzept bringen, weil Sie schnell sehen, an welchem Punkt Sie sich zuletzt befunden haben.

132 Die freie Form der Rede hat überdies den Vorteil, dass Sie viel besser auf Ihre Zuhörer reagieren können, weil Sie nicht auf das Ablesen konzentriert sind.

133 Diese Form des Vortrages erfordert freilich ein wenig Übung. Aber, ob im klassischer linearer Konzeptform oder als Mind Map: Um einen Probevortrag kommen Sie ohnehin nicht herum. Probieren Sie es also mit einer Mind Map als Vortragskonzept.

134 Ihre Vortrags-Mind Map hilft Ihnen zudem, die nachfolgende Diskussion aktiv zu begleiten. Nehmen wir an, Sie nehmen auf dem Podium Platz und stellen sich der Diskussion. Zu Ihrem Vortragskonzept fügen Sie nun in anderer Farbe die Diskussionsbeiträge in Kurzform (»Schlüsselbegriffe«) hinzu. Sie sehen sofort, an welchem Punkt Kontroversen besonders stark waren und können Bezüge von Redebeiträgen zueinander entdecken.

135 So behalten Sie auch in der hitzigsten Diskussion den Überblick und führen die Regie. Aufgrund Ihrer Anfügungen können Sie sogar ein kleines Fazit ziehen, denn der Gesprächsverlauf liegt strukturiert vor Ihnen.

Wissensmanagement: Die Informationsflut meistern

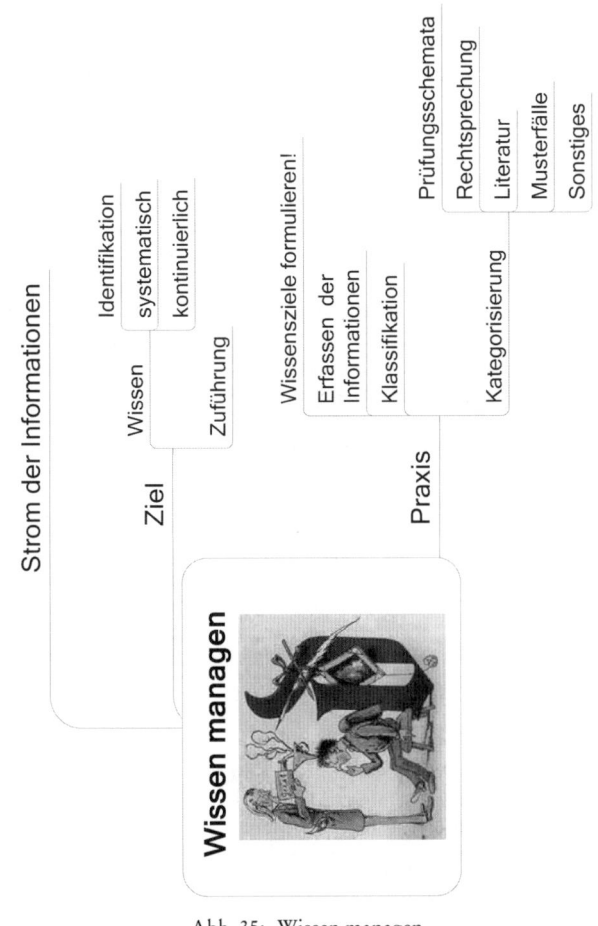

Abb. 35: Wissen managen

136 In diesem Kapitel erfahren Sie, wie Sie mit dem Strom von Informationen umgehen und die gewünschten Inhalte gezielt Ihrem Wissensschatz zuführen.

137 Bei der Sammlung, Strukturierung und Anbindung in Ihr Wissensnetzwerk spielen Mind Maps eine entscheidende Rolle. Diese Erfahrung werden Sie in Studium, Referendariat und Beruf schnell machen. Sie werden mit einer Fülle von Informationen konfrontiert, die bewertet, eingeordnet und verstanden werden müssen. Die juristische Welt bleibt nicht auf dem Stand eines Lehrbuches stehen. Gesetze ändern sich, neue treten in Kraft, die Rechtsprechung entscheidet Streitfragen, die Lebensverhältnisse verändern sich und neue regelungsbedürftige Fragen kommen auf. Auch vom Studenten wird erwartet, dass er Rechtsentwicklungen aktiv mitverfolgt. Dies mündet in ein lebenslanges Lernen auch über den beruflichen Horizont hinaus.

138 Die Frage, wie Sie mit Informationen umgehen, stellt sich also nicht nur im Studium, sondern ebenso in Ihrer beruflichen Tätigkeit. Mit Informationen umzugehen und sie zum richtigen Moment verfügbar zu haben, ist eine Fähigkeit, die es zu erlernen gilt.

139 Ziel Ihres persönlichen Wissensmanagements ist das *systematische* und *kontinuierliche Filtern* des für Sie *relevanten Wissens*, so dass es in strukturierter Form Ihrem Wissensschatz zugefügt werden kann.

140 Was bedeutet dies für Ihre Studienpraxis und welche Hilfestellung kann das Mind Mapping hierbei bieten?

141 Zu Beginn des Studiums sind Sie vollauf in Anspruch genommen, das juristische System zu begreifen und sich dauerhaft zu erschließen (siehe bereits Rn. 55 ff.). Zusätzliche Informationsquellen wie juristische Fachzeitschriften oder Online-Portale gewinnen an Bedeutung.

142 Bei zunehmender Vertrautheit mit dem Recht und den Informationswegen wird bei Ihnen die Erkenntnis reifen, dass aktuelle Entwicklungen in der höchstrichterlichen Rechtsprechung und die Auseinandersetzung mit aktuellen Rechtsfragen ebenfalls zu dem von Ihnen erwarteten Wissensfundus gehören.

➢ Schritt 1: Wissensziele formulieren!

143 Sie können nicht alles lesen und aufnehmen, was Ihnen über Zeitschriften und Online-Portale zur Verfügung gestellt wird. Sie müssen Wissensziele formulieren und auswählen:

- Wollen Sie im Bereich der höchstrichterlichen Rechtsprechung »up to date« bleiben?
- Interessieren die neue Rechtsfragen und Ihre Lösungen?

- Genügt Ihnen die klausurmäßige Aufbereitung aktueller Fälle in einer Repetitoriumszeitschrift?
- Suchen Sie etwas zu einem bestimmten Thema?

Dies sind nur ein paar denkbare Beispiele. Verschaffen Sie sich im jeden Fall Klarheit über Ihr Ziele! Dass Sie Ihre Ziele dynamisch an Ihre Studiensituation anpassen, versteht sich von selbst.

> Schritt 2: Sichten und Aufbereiten der vorliegenden Informationen

Bereits Gesammeltes sollten Sie *sichten* und *aufbereiten*. Nicht jeder kopierte Aufsatz oder jede Entscheidung muss aufgehoben werden (das sollte eigentlich die Ausnahme sein). Vielmehr muss er aufbereitet und mit seiner Schlüsselaussage in Ihre Übersichten aufgenommen werden. Bei bereits aufbereiteten Inhalten (etwa Prüfungsschemata oder Übersichten) sollten Sie auch überlegen, ob Sie diese in unveränderter Form zu Ihren Unterlagen nehmen oder ob es nicht sinnvoller ist, sie zu modifizieren, um sie in Ihr System zu integrieren (selber tun, Lerneffekt!).

Die unveränderte Übernahme hat viele Nachteile:

- Sie durchbricht Ihr System »alles auf einem Blatt«.
- Sie bleiben reiner Konsument, entsprechend schnell vergessen Sie die Inhalte.

Überprüfen Sie vielmehr bereits aufbereitete Inhalte darauf hin, ob Sie mit der fertigen Information konkurrieren kann oder die fertige Information Ihre Zusammenstellung wertvoll ergänzt.

> Schritt 3: Thematische Zuordnung und Ablage des Materials

Die Aufbereitung schließt mit der thematischen Zuordnung. Diese ist nicht immer leicht, insbesondere wenn sie aus Aufsätzen und Rechtsprechung den »Prüfungsstandort« noch herausdestillieren müssen. Vermerken Sie Ihre Zweifel, indem Sie an der entsprechenden Zweiganfügung ein Fragezeichen einsetzen.

Haben Sie zu dem Themenkomplex schon eine Übersicht erstellt, vermerken Sie das Ergebnis dort in einer mind map-gerechten Kurzform.

Ihr Aufsatz- oder Rechtsprechungsdokument und Ihre Auswertung als Mind Map können Sie in strukturierter Form in Ihrem Wissensmanagementsystem (Aktenordner, Datenbanklösung) ablegen.

Wissensmanagement: Die Informationsflut meistern

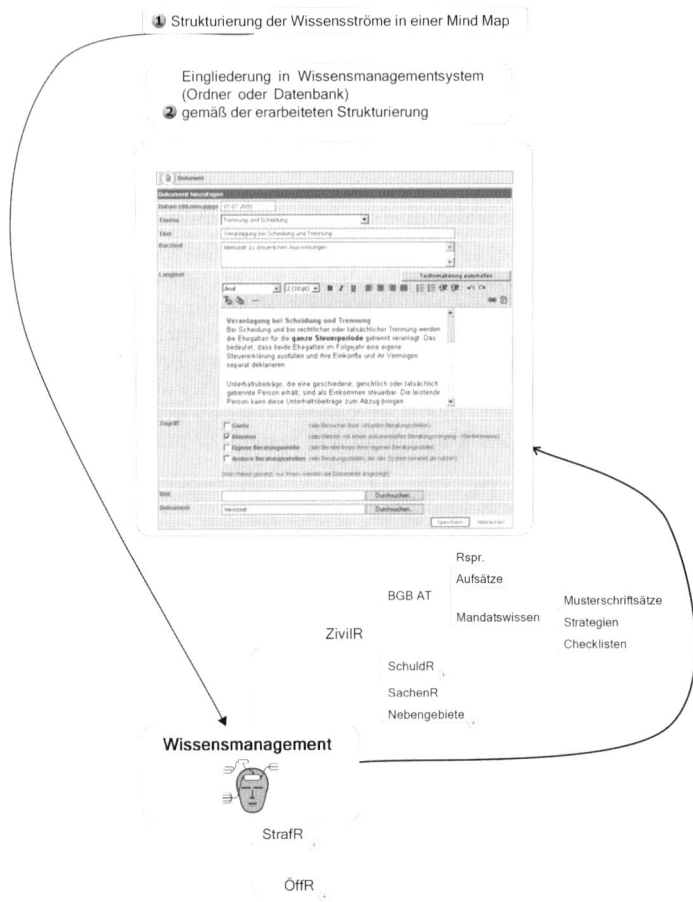

Abb. 36: Wissensmanagement

151 Sollten Sie sich noch einmal vertieft mit dem Dokument auseinandersetzen, werden Sie es in bearbeiteter Form (Mind Map) und im Original vorfinden. Die aufbereitete Form wird Ihnen die Inhalte schnell ins Gedächtnis rufen.

Sollten Informationen für Sie insgesamt mit Blick auf die Wissensziele für Ihr Examen von Interesse sein, dann können Sie die Erkenntnisse daraus in mind map-gerechter Kurzform in Ihre Übersichten zum jeweiligen Thema aufnehmen. **152**

Bei der Wiederholung werden Sie darauf stoßen und Ihre Gedanken gegebenenfalls bei einer Kurzlektüre des Aufsatzes oder des Urteils noch einmal vertiefen können. **153**

Referendariat:
Aktenbearbeitung, Vorträge, kreative Rechtstätigkeit

Abb. 37: Referendariat

Im Referendariat werden Sie mit neuen – konkreten – Aufgabenstellungen konfrontiert. Akten müssen bearbeitet, erste Sitzungsdienste oder kreative juristische Arbeiten übernommen werden. Das Mind Mapping unterstützt Sie, weil Sie Ihre bereits erlernten Fertigkeiten bedarfsgerecht einsetzen können. Dies soll an einigen Beispielen verdeutlicht werden.

154

155 Vieles in der Referendarsstation ist neu für Sie. Ihr Leben gewinnt eine neue Dimension. Erstmals sind Sie regelmäßig in eine berufliche juristische Tätigkeit eingebunden. Zugleich müssen Sie neue Wissensziele für Ihr zweites Staatsexamen in den Blick nehmen. Die dafür zur Verfügung stehende Zeit wollen Sie gut nutzen.

156 Mit Mind Mapping können Sie viele der parallel ablaufenden Prozesse (Organisation des Referendariats, Wissenserwerb, Prüfungen) begleiten.

Überblick über das Referendariat

157 Wie zu Beginn des Studiums sollten Sie sich einen Überblick über die Referendarsstationen verschaffen.

Überblick über das Referendariat

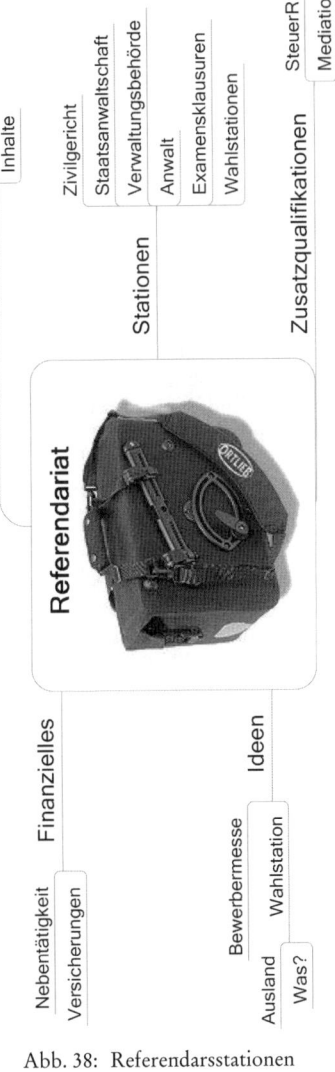

Abb. 38: Referendarsstationen

158 Diese Mind Map kurz vor dem Beginn Ihrer Referendarszeit ist wichtig und sollte von Ihnen im weiteren Verlauf fortgeführt werden. Der Zeitpunkt ist ideal, weil Sie idealistisch an das Referendariat herangehen. Sie unterliegen noch nicht den Einflüssen Ihrer Referendarskollegen und eigener Erfahrungen und können so unbeeinflusst Ihre Wünsche und Ziele an diese Zeit formulieren:

- Kommt für Sie der Staatsdienst, kommen Ministerien, Behörden oder Gerichte für Ihre beruflichen Aktivitäten in Frage?
- Wollen Sie als Anwalt tätig werden und sich auf bestimmte Rechtsgebiete spezialisieren?
- Streben Sie eine Tätigkeit in der Wirtschaft an?

159 Gewinnen Sie jetzt schon Klarheit, weil Sie Ihre Stationen, aber auch Ihre Wissensziele darauf ausrichten. In dieser Master-Mind Map Ihres Referendariats nehmen Sie auch in mind map-gerechter Kürze andere Informationen zum Referendariat auf (Adressen für Auslandsstationen, Ideen zu Sonderqualifikationen, etc.).

Wissenserwerb

160 Im Referendariat kommt zum materiellen Wissen das Wissen zum Umgang mit dem Prozessrecht hinzu (siehe z.B. Abb. 39). Dieses Wissen können Sie – so wie im Studium – ebenfalls in Mind Maps aufbereiten und durch das anschließende Wiederholungsmanagement fest in Ihrem Gedächtnis verankern.

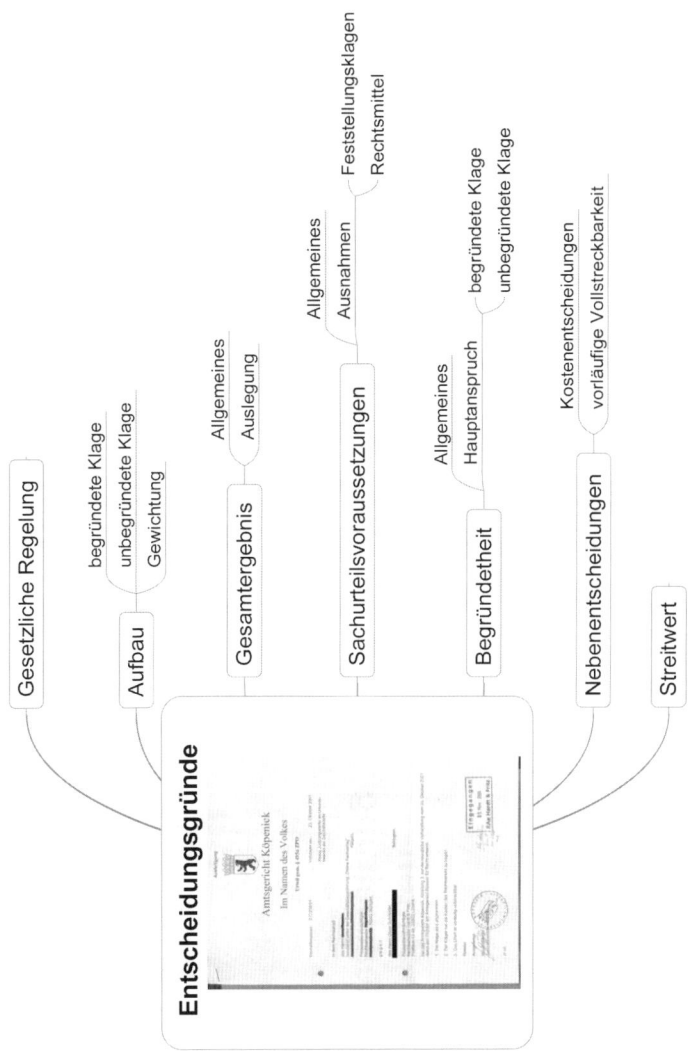

Abb. 39: Entscheidungsgründe

Aktenbearbeitung

161 Neu wird für Sie die Bearbeitung von Akten in den verschiedenen Stationen sein. Ihre Ausbilder freuen sich insbesondere, wenn Sie sie bei der Bewältigung komplizierter oder umfangreicher Verfahren unterstützen können. Mind Mapping eignet sich hier insbesondere, um Struktur in ein Konvolut von Schriftsätzen und verschiedensten Dokumenten zu bringen (Abb. 40).

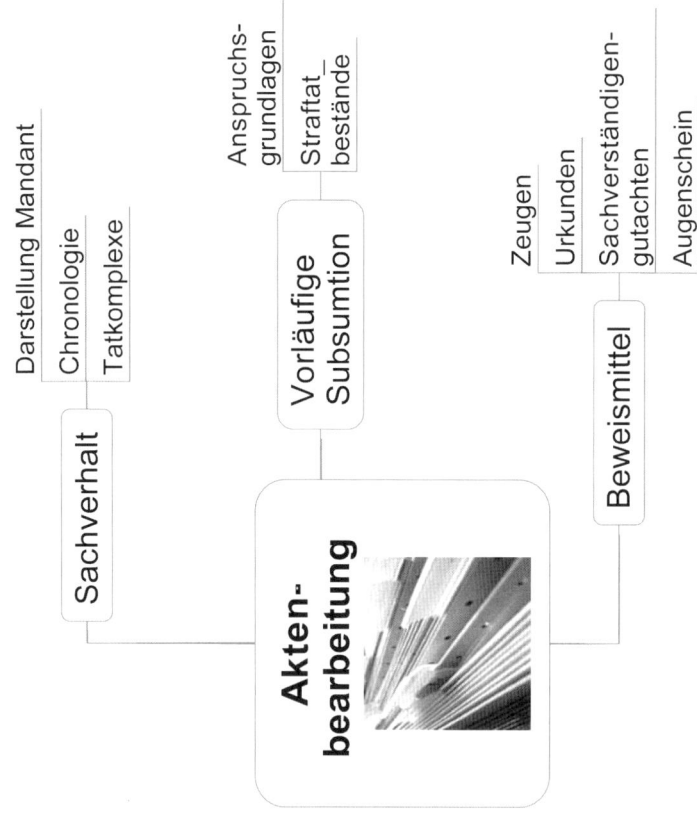

Abb. 40: Aktenbearbeitung

Nach dieser grafischen Aufbereitung verlieren selbst konfus erscheinende Aktenbündel ihren Schrecken.

Sitzungsdienste

In der strafrechtlichen Station müssen Sie, zunächst in Begleitung Ihres ausbildenden Staatsanwaltes, eine aktive Rolle im Sitzungsdienst übernehmen. Hier kommt Ihnen die Fähigkeit zu Gute, Vorträge in freier Rede mit Mind Maps begleiten zu können (siehe Rn. 128 f.).

Im Unterschied zu Vorträgen, die Sie gänzlich vorbereiten können, ergibt sich der Inhalt des Plädoyers, das Sie halten müssen, erst aus dem Inbegriff der Hauptverhandlung. Gehen Sie daher wie folgt vor: Bereiten Sie eine Mind Map mit der Gliederung des Plädoyers vor, wie es für Ihre Staatsanwaltschaft typisch ist (Abb. 41). Denken Sie an alle Punkte, auch an die Anrede. Das gibt Sicherheit!

Referendariat: Aktenbearbeitung, Vorträge, kreative Rechtstätigkeit

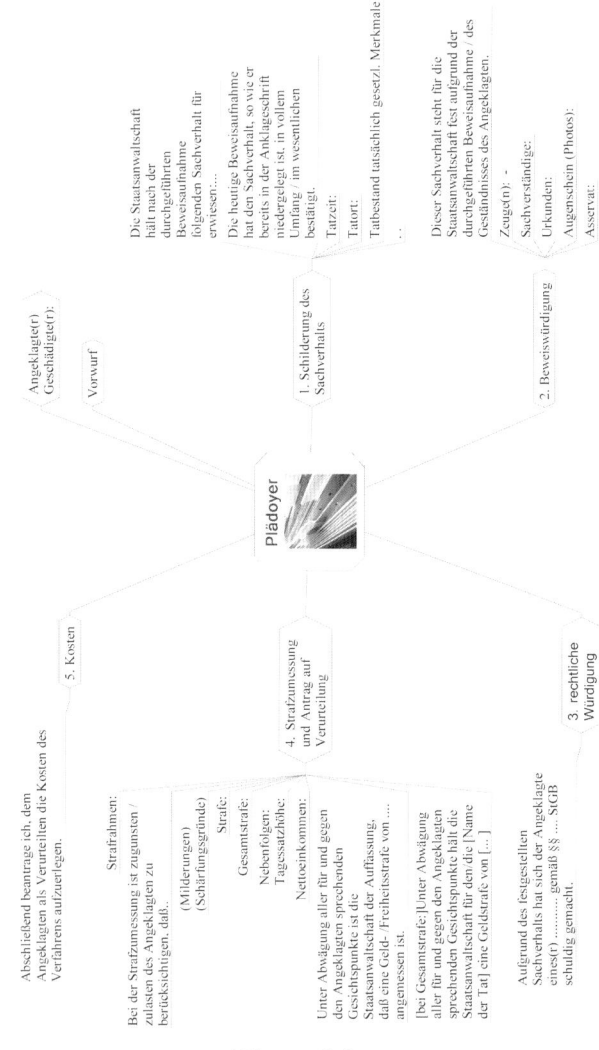

Abb. 41: Plädoyer

Einige Hauptäste werden Sie nun während der Verhandlung mit Notizen versehen. Je nach Umfang des Verfahrens kann es sinnvoll sein, hierfür eine gesonderte Mind Map anzulegen. Diese werten Sie aus und fügen die Ergebnisse in Kurzform in Ihre Plädoyer-Mind Map ein. Soweit ein Verweis auf Dokumente, Schriftsätze etc. erforderlich ist, vermerken Sie dies am entsprechenden Ast. Sie haben dann zum richtigen Zeitpunkt die Information parat.   165

Kreative Tätigkeit

Spätestens in der Anwaltsstation werden Sie mit kreativen juristischen Tätigkeiten konfrontiert. Sie müssen ein juristisches Problem lösen, einen Vertrag entwerfen oder ein Mandantengespräch führen. Hierbei können Sie sich nicht auf feste Muster stützen, sondern müssen gedankliche Flexibilität beweisen.   166

Problemlösung

Bei einer juristischen Problemlösung hilft Ihnen das Mind Mapping, Denkblockaden zu überwinden. Sie können wie folgt vorgehen: 167

Versuchen Sie, die Rechtsfrage auf den Punkt zu bringen und formulieren Sie diese als Zentralthema in Ihrer Gedankenkarte. Skizzieren Sie spontan zehn bis zwölf Lösungswege. Denken Sie auch an einvernehmliche Lösungen. Abwegiges ist ebenfalls erlaubt. Die drei besten Lösungen vertiefen Sie in einer zweiten Mind Map.   168

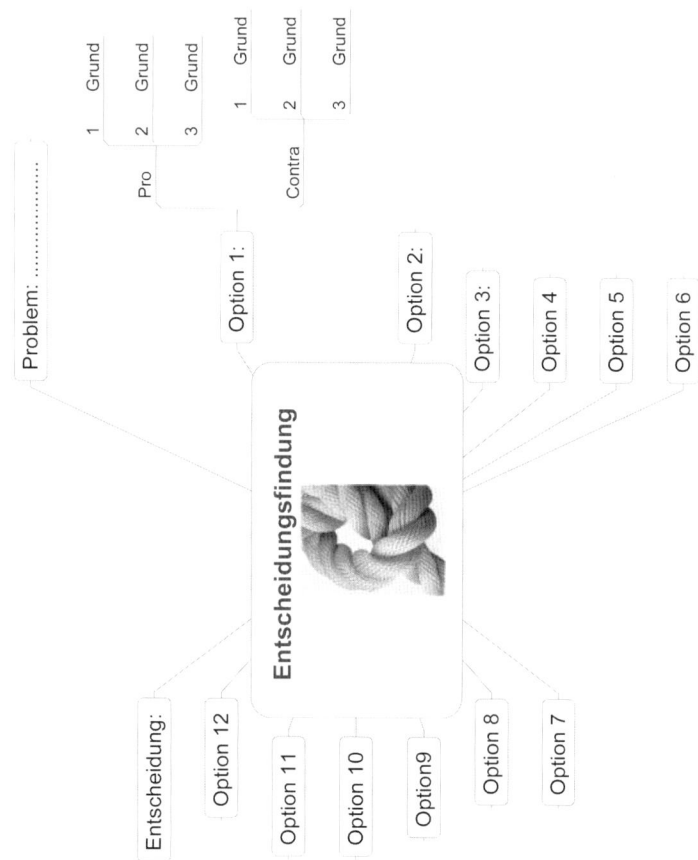

Abb. 42: Entscheidungsfindung

169 Dieses als »Brainblooming« bekannte Verfahren ermuntert dazu, das nicht Offensichtliche in die Überlegungen mit einzubeziehen. Es hilft, das Denken in eingefahrenen Strukturen zu überwinden. Als Referendar können Sie in allen Stationen Ihren Ideenreichtum aktivieren. Seien Sie sich bewusst, dass Sie aus einem reichen materiellen Wissen schöpfen, das vielen juristischen Spezialisten gar nicht mehr zur Verfügung steht. Die Assoziationen, die das Brainblooming in Ihnen wecken kann, werden Sie überraschen!

Vertragsentwürfe

Mit der Vertragsgestaltung werden Sie insbesondere in der Anwaltsstation betraut. Die Vertragsgestaltung spielt auch in den juristischen Staatsexamina eine immer wichtigere Rolle. Das Mind Mapping eignet sich hervoragend für die Begleitung der notwendigen Vorüberlegungen und dem abschließenden Konzeptentwurf. 170

➢ Vertragsvorüberlegungen als Mind Map

In einer ersten Mind Map fassen Sie die wichtigsten Vorüberlegungen zusammen. 171

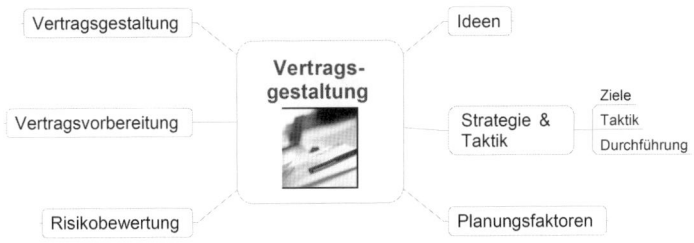

Abb. 43: Vertragsgestaltung-Vorüberlegung

In Ihrer Station werden Sie mit den meisten der hier angeführten Punkte etwas anfangen können. Diese Punkte sollten Sie auch in der Klausur durchgehen. 172

➢ Ideen-Mind Map

Beginnen Sie – wie immer bei kreativen Tätigkeiten – mit einer Ideen-Mind Map. 173

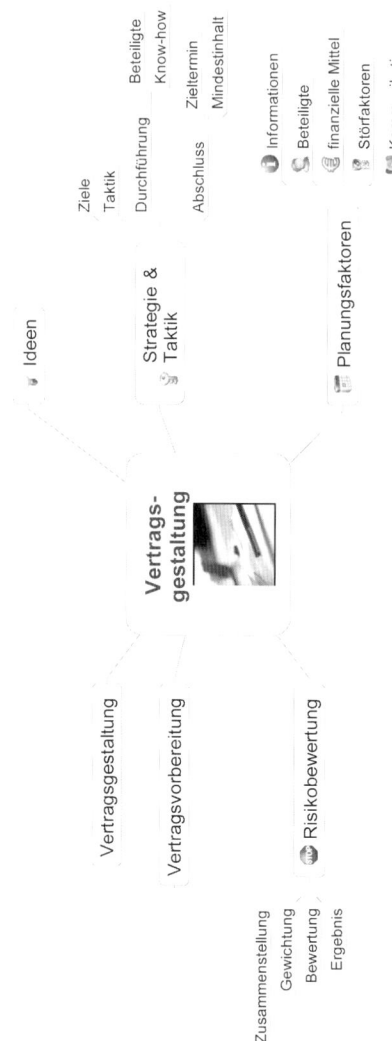

Abb. 44: Vertragsgestaltung

Mit Verträgen werden bestimmte Ziele verfolgt, sie werden unter 174
bestimmten Rahmenbedingungen geschlossen, die Taktik, Durchführung und Abschluss beeinflussen (siehe Abb. 44). Wenn Sie als Referendar oder in eigener Sache eine aktive Rolle bei der Vertragsgestaltung spielen, kann die Frage des taktischen Vorgehens eine entscheidende Rolle spielen

➤ Planungsfaktoren

Stellen Sie alle notwendigen Informationen aus der Akte oder aus dem 175
Gespräch zwischen Anwalt und Beteiligten zusammen.

➤ Andere beachtenswerte Punkte

Komplexe Vertragsgegenstände unterliegen verschiedenen Risiken. 176
Diese sollten Sie – je nach Informationsgrad – zusammenstellen, bewerten und gewichten.

In Ihrer Station kann es vorkommen, dass Sie mit Mandanten, Un- 177
ternehmensjuristen oder Rechtsanwälten zusammenarbeiten müssen.

Wenn Sie diese Vorarbeiten abgeschlossen haben, beginnt der schöp- 178
ferische Teil. Alle relevanten Informationen finden Sie nun übersichtlich vereint auf einem Papier (Abb. 44). Hieraus entwickeln Sie mögliche Planungsszenarien. Auch hierzu können Sie sich eine kleine Ideen-Mind Map fertigen.

Beginnen Sie nun mit der Konzeption eines möglichen Vertrages. 179
Das Grundgerüst ergibt sich aus dem Mindestinhalt von Verträgen und Vertragsmustern.

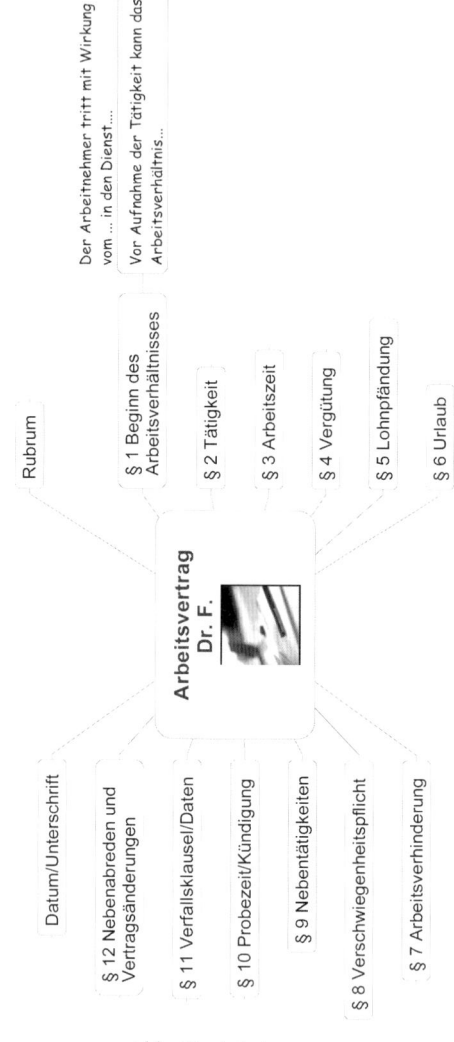

Abb. 45: Arbeitsvertrag

Ändern und ergänzen Sie die Struktur durch Hinzufügen von einzelnen Zweigen an das vorhandene Zweiggeflecht. Sie haben die Gliederung Ihres Vertrages in Gänze vor sich liegen. Nehmen Sie Ihre Vorbereitungs-Mind Map zur Hand und prüfen Sie, ob Sie an alle Aspekte gedacht haben.

Mit dieser Strukturierung können Sie sich jetzt an die Ausformulierung Ihres Entwurfes machen.

➢ Die letzten Schritte

In der Praxis ist es mit der Ausformulierung noch nicht getan. Es folgen Vertragsverhandlungen, die Vertragsdurchführung und das Vertragscontrolling. Jeden dieser Schritte können Sie mit geeigneten Gedankenkarten begleiten.

Schlüsselqualifikationen und »Soft Skills« für die praktische juristische Tätigkeit

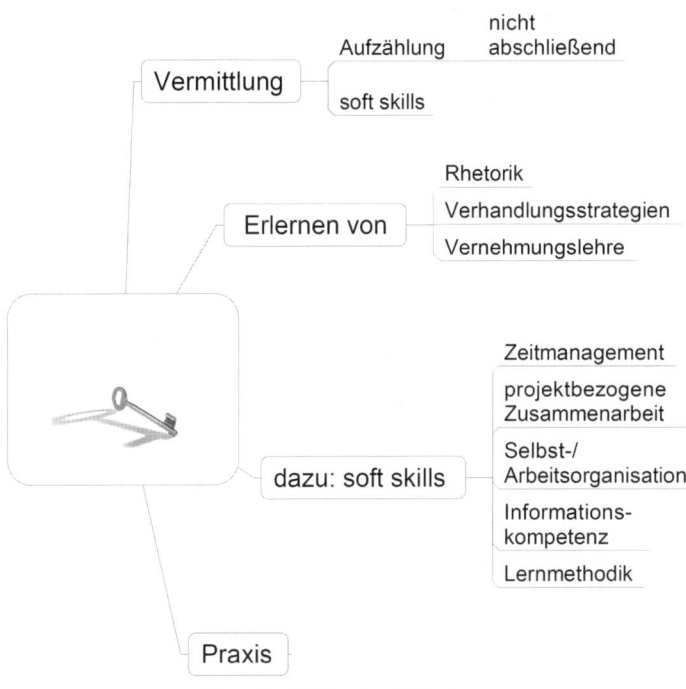

Abb. 46: Schlüsselqualifikationen

Eine Neuerung im Jurastudium ist die Vermittlung von Schlüsselqualifikationen. Wie Sie Mind Mapping dafür einsetzen können, erfahren Sie im Folgenden anhand einiger Beispiele. **183**

Im Studium sollen Qualifikationen vermittelt werden, die für jede juristische Tätigkeit in der Praxis wesentlich sind. Sie sind in § 5 a III DRiG beispielhaft genannt. Einige davon können Sie gut mit Mind Mapping begleiten, etwa Verhandlungsmanagement (siehe Rn. 189), **184**

Gesprächsführung (dazu unten Rn. 190), Streitschlichtung und Mediation (ebenfalls unten Rn. 190 ff.).

185 Neben den Qualifikationen aus den Bereichen *Rhetorik*, *Verhandlungsstrategie* und *Vernehmungslehre* werden von Referendaren unausgesprochen die so genannten *Soft Skills* erwartet.

186 Zu diesen Fähigkeiten gehören Zeitmanagement, die Fähigkeit zu Projekt bezogener Zusammenarbeit, Selbst- und Arbeitsorganisation, Informationskompetenz und Lernmethodik.

Wie erlernt man Schlüsselqualifikationen?

187 Schlüsselqualifikationen und Soft Skills kann man nicht theoretisch erlernen. Damit Sie Fortschritte erzielen, sollten Sie alle Situationen nutzen, in denen Training möglich ist. Das kann die private Arbeitsgemeinschaft sein oder die Einübung Ihres Seminarvortrages vor Freunden, die Teilnahme an so genannten »moot courts« oder die Belegung eines Rhetorikseminars.

188 Sicherheit gewinnt Ihr Vortrag, wenn Sie sich die Technik des freien Sprechens erarbeiten. Wie ein geeignetes Vortragsmanuskript aussehen könnte, haben Sie bereits erfahren.

➢ Verhandlungsstrategien

189 Die Ihnen vermittelten Verhandlungsstrategien lassen sich für den »Ernstfall« sehr gut durch Mind Mapping ergänzen. Die gedachte Gliederung für ein Verhandlungsgespräch und der formal strenge Ablauf einer Mediation eignen sich dabei in besonderer Weise.

190 Mind Maps können für Ihre geplanten Mediationssitzungen als Drehbuch fungieren. Anhand Ihrer Gedankenkarten führen Sie die Parteien durch das Gespräch. Die Äußerungen der Parteien fügen Sie an der entsprechenden Stelle Ihrer Gedankenkarte in stichwortartiger Form an. Auch wenn sich die Beteiligten nicht zu dem gerade behandelten Punkt äußern oder wenn sie weitere Aspekte ins Spiel bringen, können Sie schnell und übersichtlich zu jedem beliebigen Punkt »wandern«: An den Ast, der das Thema bezeichnet, fügen Sie einen Unterast an und beschriften diesen mit einem Stichwort, das diese Äußerung wiedergibt. Für neue Streitstände »eröffnen« Sie in Ihrer Mind Map einen neuen Ast.

Wie erlernt man Schlüsselqualifikationen?

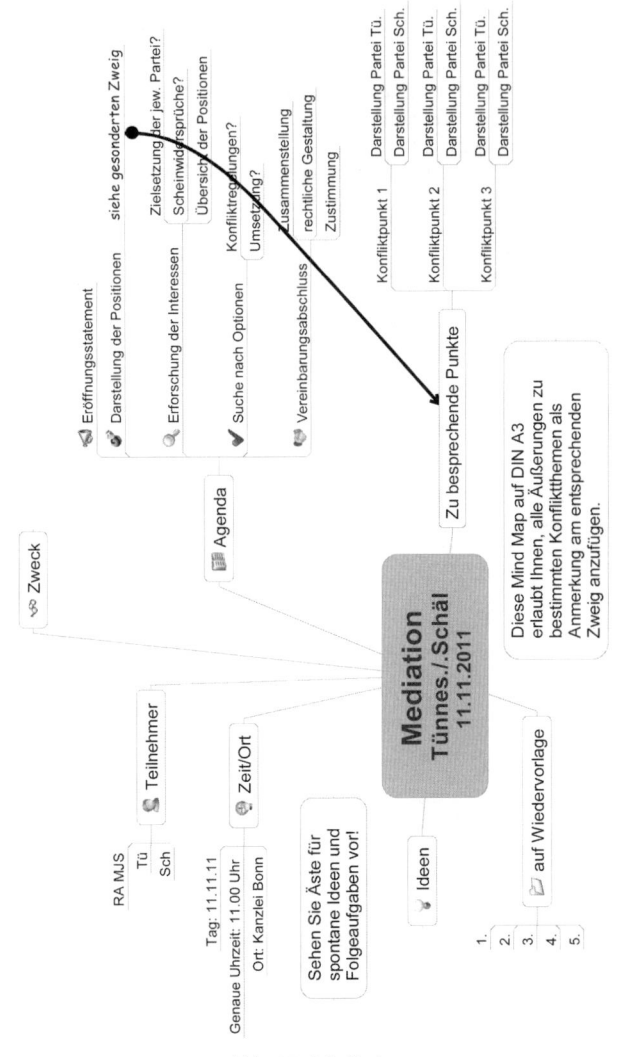

Abb. 47: Mediation

191 So entsteht vor Ihnen als graphisches Spiegelbild die strukturierte Aufzeichnung Ihres Gespräches, das Sie sicher führen können und dessen Ergebnisse Sie geordnet aufnehmen.

192 Zu den »weichen Fähigkeiten« gehört der richtige Umgang mit der Zeit, die Ihnen zur Verfügung steht. Darauf wird im nachfolgenden Kapitel näher eingegangen.

193 Viele Aufgaben werden Sie später aufgrund Ihrer Komplexität nur in Teams erledigen können. Begleiten Sie die Projekte wie z. B. eine Unternehmensnachfolge (Abb. 48) durch Mind Maps, klären Sie die zu erledigenden Aufgaben und die federführende Zuständigkeit, indem Sie auch die organisatorischen Fragen in dieser Mind Map vermerken.

Wie erlernt man Schlüsselqualifikationen?

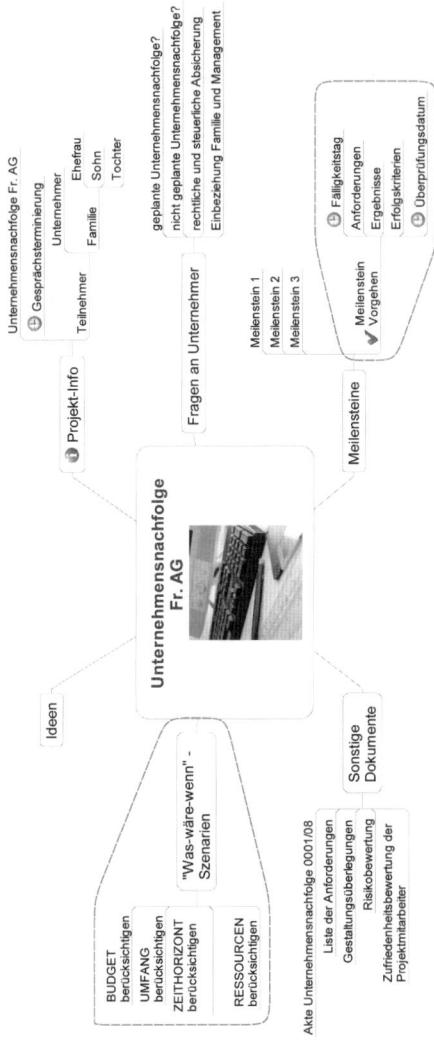

Abb. 48: Unternehmensnachfolge

➤ Informationskompetenz und Lernmethodik

194 Über den Umgang mit Informationen haben Sie bereits (oben Rn. 136 ff.) einiges verfahren. Die Notwendigkeit mit Wissen umzugehen und sich neues Wissen anzueignen besteht auch nach dem Ende Ihres Studiums. Selbst wenn von Ihnen kein »auf Vorrat« angelegtes Wissens verlangt wird, müssen Sie doch in der Lage sein, neue Inhalte schnell aufzunehmen und für den juristischen Alltag zur Verfügung zu stellen (Aufbereitung).

Zeitmanagement in Studium und Referendariat

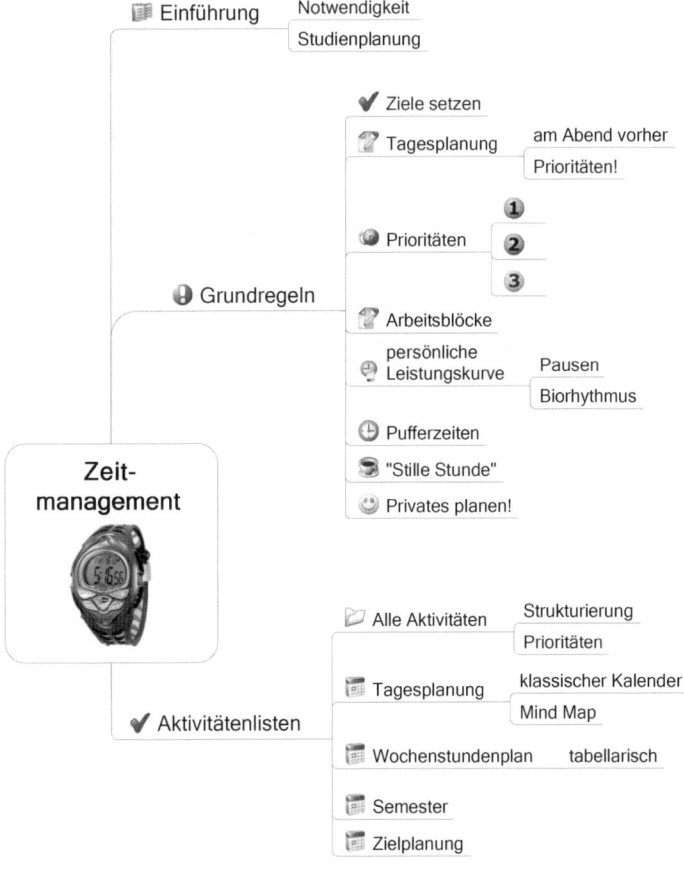

Abb. 49: Zeitmanagement

195 Erkenntnisse zum Zeitmanagement sind nicht erst nützlich, wenn Sie »voll im Beruf« stehen. Zeitplanung hilft Ihnen, Ihre gute Studienplanung auch erfolgreich umzusetzen. Welche Regeln hierfür gelten und wie Mind Mapping Sie dabei unterstützen kann, erfahren Sie in diesem Kapitel.

196 Der richtige Umgang mit der Zeit gelingt, wenn Sie die Grundregeln des Zeitmanagements kennen und die richtigen Werkzeuge einsetzen. Ihre persönlichen Instrumente sind *schriftliche* Aufzeichnungen in Form von Plänen, die Sie nach den Grundregeln des Zeitmanagements erstellen.

Ziele setzen!

197 Erfolgreiche Zeitplanung beginnt damit, dass Sie sich Ihrer Ziele bewusst werden. Ein attraktives Ziel vor Augen wird Ihnen helfen, Hindernisse zu überwinden.

198 Zu Beginn dieses Bändchens haben Sie sich zur Einübung der Technik bereits mit dem vor Ihnen liegenden Studium befasst. Dem Hauptast »Ziele« sollten Sie in einer ruhigen Stunde größere Aufmerksamkeit schenken.

Ziele setzen!

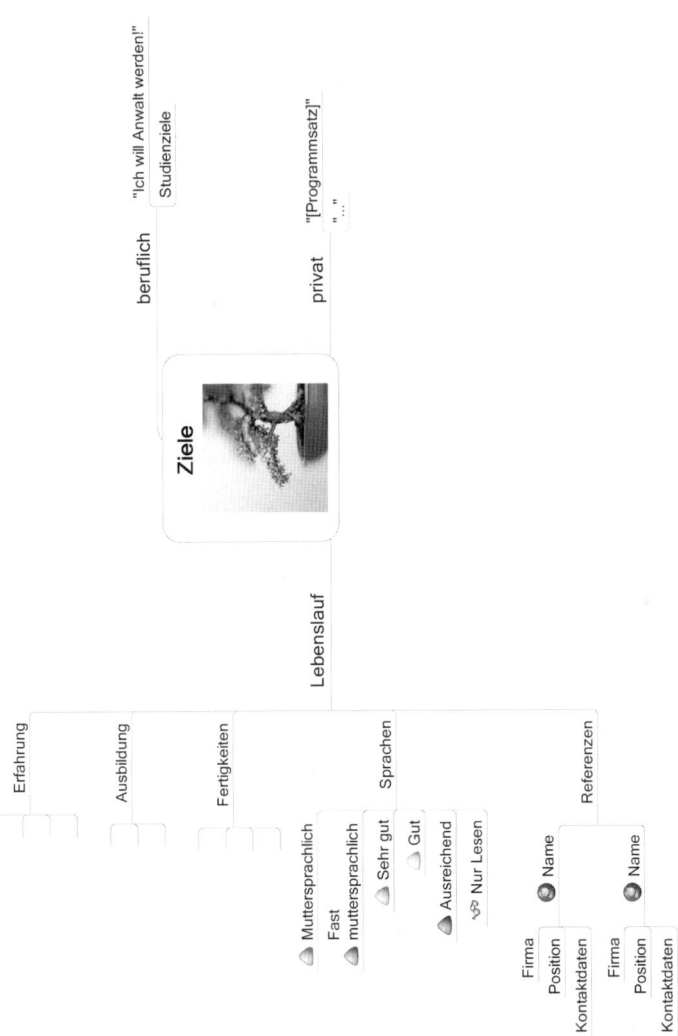

Abb. 50: Ziele

199 Verschaffen Sie sich Klarheit, welches Berufsziel Sie verfolgen und formulieren Sie es positiv und (ausnahmsweise) als ganzen Satz auf dem entsprechenden Ast Ihrer Mind Map. Dieser »Programmsatz« gilt für die Dauer Ihrer Ausbildung und kann angepasst werden.

200 Auch für Ihr Studium und Ihr Referendariat sollten Sie sich den qualitativen und quantitativen Rahmen (Note, Auslandsstudium, Semesterzahl) festlegen.

201 Nehmen Sie Ihre privaten Ziele ebenfalls positiv formuliert in Ihre Überlegungen auf. Gerade für Gedanken dieser Art ist das Mind Mapping eine ideale Technik. Sie können die Faktoren, die für die Zielerreichung eine Rolle spielen übersichtlich auf einem Blatt vereinen. Es erlaubt Ihnen, Zusammenhänge herzustellen, bestimmte Ziele durch Markierung oder Hervorhebungen in anderer Form besonders ins Blickfeld zu rücken.

Planen mit Mind Mapping

202 Mind Maps eignen sich in Studium und Referendariat hervorragend, um Zeit und Aktivitäten zu planen. In der Regel wird Ihr Tag noch nicht von einer Vielzahl von Einzelterminen ausgefüllt sein, sondern Ihre Aktivitäten sind in überschaubare Bereiche eingebettet: Privates, Studium, Nebenjobs zur Studien(mit)finanzierung.

203 Stellen Sie alle Aktivitäten zusammen. Mittels Mind Mapping können Sie ihnen bereits bei der Sammlung eine Struktur geben (Abb. 51).

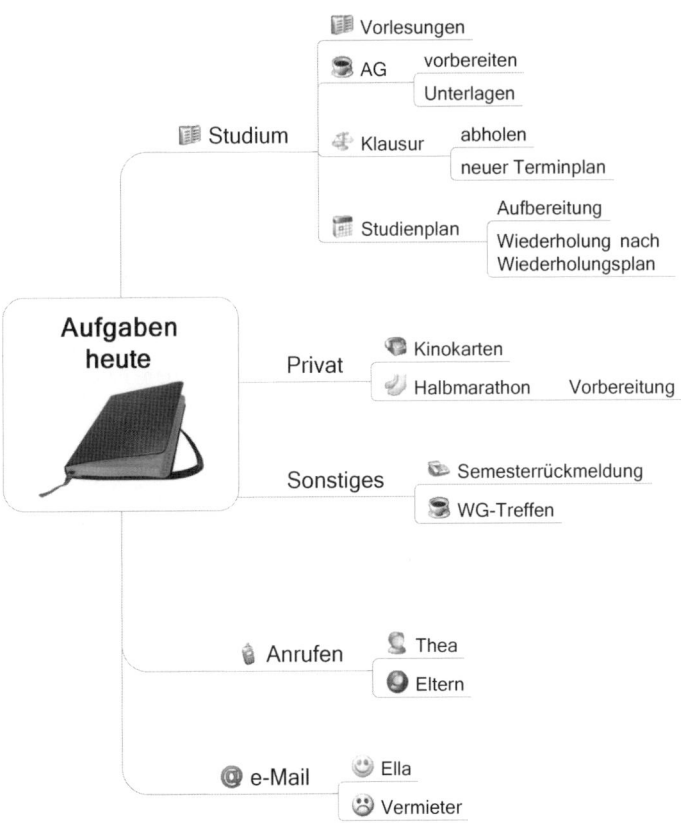

Abb. 51: Aufgaben heute

Anschließend vergeben Sie Prioritäten und vermerken auf Ihrer Gedankenkarte den Zeitbedarf.

Ihre Aktivitäten lassen Sie in Pläne mit unterschiedlichen Planungshorizonten einfließen.

Diese vorausschauende Planung gelingt, wenn Sie die wichtigsten Grundregeln des Zeitmanagements beachten. Sie sind in der nachfolgenden Mind Map zusammengefasst. Ihre Tagespläne können Sie tabellarisch führen.

207 Die Verkürzungstechniken des Mind Mappings bieten Ihnen auch die Möglichkeit, im klassischen Kalender deutlich mehr Informationen unterzubringen, ohne dass darunter die Übersicht leidet.

208 Auch Wochenpläne lassen sich tabellarisch und ohne Einbußen an Übersichtlichkeit als Mind Map führen.

209 Ihre Semesterwochenpläne mit der Zusammenstellung Ihrer festen Termine erfassen Sie am besten in tabellarischer Form. Sie sind Abbilder chronologischer Abläufe und müssen nicht besonders strukturiert werden.

210 Aktivitätenlisten und Pläne sind wichtige Instrumente, die Sie schon im Studium benötigen. In welcher Form sie aufgestellt und geführt werden, ist zweitrangig. Bei der Zielsetzung und Strukturierung Ihrer Aktivitäten leistet das Mind Mapping in jedem Fall eine unschätzbare Hilfe.

Mind Mapping am PC

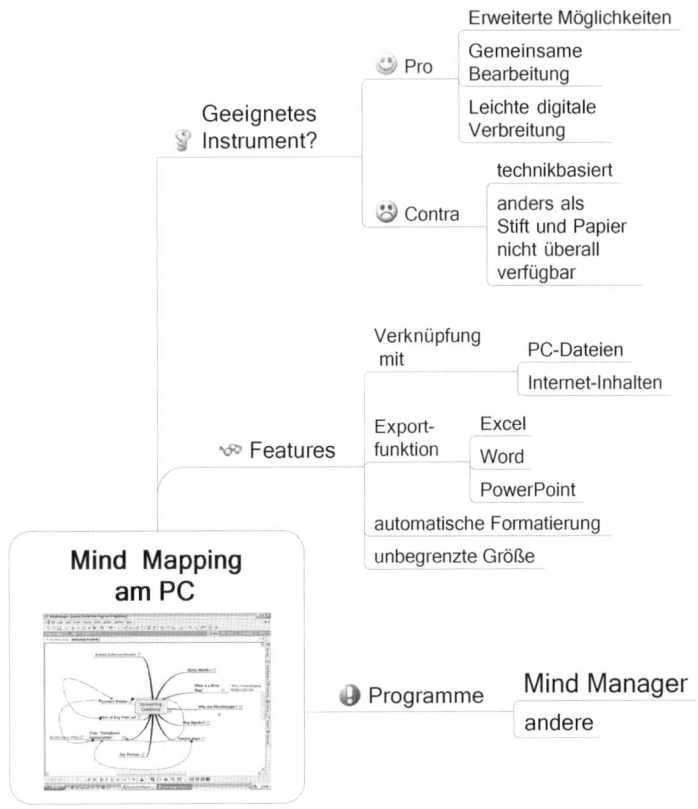

Abb. 52: Mind Mapping am PC

Mind Maps zu erstellen, ist ein sinnliches Vergnügen. Die bisherige Darstellung orientiert sich an der Fertigung der Mind Maps von Hand. Um sich die Technik zu erarbeiten, ist dies nach wie vor der beste Weg, sich mit den Möglichkeiten einer ganzheitlichen Darstellung vertraut zu machen. Hat man die Technik erlernt, bietet die elektronische Erstellung weitere Möglichkeiten, die im Studium und Referendariat nutzbringend eingesetzt werden können.

212 Die elektronischen Mind Maps können leicht am PC erstellt werden, Verbindungen zu Dateien und Internetseiten lassen sich einfügen und verschiedene Maps können miteinander verknüpft werden.

213 Viele Programme bieten Funktionen, um Mind Maps bzw. ihre Inhalte in andere Formate zu transportieren. Aus Ihrer Vortrags-Gliederung (siehe Rn. 128, Abb. 33) wird eine Gliederung unter Word, aus Ihrem Vortragskonzept eine PowerPoint-Anwendung. Auch die automatische Formatierung der Mind Maps ist von großem Nutzen. Die Äste werden automatisch positioniert, spätere Ergänzungen lassen sich ohne weiteres vornehmen. Ganze Zweigverbindungen können verschoben werden oder lassen sich kopieren.

214 Wenn Ihr Studium und Referendariat bereits vom Arbeiten am PC geprägt ist, ist die Einbindung des Mind Mappings in elektronischer Form folgerichtig.

Tipp!
Das Erstellen handschriftlicher Mind Maps wird dadurch nicht überflüssig. Die schnelle Skizze zur Vorstrukturierung und der Umstand, dass die Technik mit Papier und Bleistift überall verfügbar ist, um komplexe Zusammenhänge darzustellen, verschaffen dieser Form immer noch viele Vorteile. Wer die Technik herkömmlich erlernt hat, wird aber auch die Möglichkeiten der elektronischen Erstellung schätzen und die weitere Erfahrung nicht mehr missen wollen.

215 Welches Programm ist geeignet?
Der Markt für Software ist sehr schnelllebig, so dass nur eine grobe Orientierung gegeben werden kann.

MindManager®

216 Marktführer auf dem Gebiet des elektronischen Mind Mappings ist das Programm MindManager. Eine 21-tägige vollnutzbare Testversion ist im Internet unter der Adresse www.mindjet.de abrufbar. Dieses Programm überzeugt durch seine intuitive Bedienbarkeit.

➤ Export in Word, Excel, PowerPoint

Die Inhalte von elektronischen Mind Maps lassen sich bei diesem 217
Programm in die gängigen Office-Programme exportieren. Das bedeutet, dass Sie Strukturen, die Sie in Mind Maps erstellt haben, nun in die linearen Formen, z.B. als Texte mit Überschriften, Tabellen oder gar Präsentationsdateien, übernehmen können. Über Excel oder PowerPoint können sie dann selbstverständlich weiterverarbeitet werden.

Die in diesem Band erstellten Mind Maps sind mit dem MindManager erstellt. Die praktischen Anwendungen die ab Rn. 221 ff. erläutert 218
werden, beziehen sich auf die Programmfeaturers der Version »Mind Manager Pro 6«.

Einziger Nachteil ist der relativ hohe Preis. 219

Daneben gibt es noch weitere Programme, die freilich das Spektrum der Möglichkeiten des MindManagers aus meiner Sicht nicht erreichen.

Im Einzelnen finden Sie eine Liste auf der Internet-Seite zu diesem 220
Buch unter http://service.heymanns.com.

Einsatz elektronischer Mind Maps in Studium und Referendariat

➤ Zeitplanung 221

Wenn Sie bereits seit dem Studium oder Referendariat die Aktivitätenliste (»To-doListe«) im Programm Outlook pflegen, können Sie 222
diese von Outlook in den MindManager importieren, dort strukturieren, mit Prioritäten und anderen Informationen versehen und zwischen MindManager und Outlook synchronisieren.

➤ Schriftsätze erstellen

Komplizierte Schriftsätze, Vertragsentwürfe oder Stellungnahmen lassen sich als elektronische Mind Maps vorbereiten. 223

Die Gliederungsüberschriften legen Sie als Hauptäste Ihres Schriftsatzes an. Unterpunkte bilden Nebenäste. Zugehörige Textpassagen 224
können als Textdokumente an Äste angefügt werden. Am Bildschirm lassen sich Umstellungen der Gliederungen oder Einfügungen sehr schnell vornehmen.

225 Nachdem Sie Ihre Gedankenkarte am Bildschirm fertig gestellt haben, können Sie im MindManager eine Textfassung Ihrer Mind Map menügesteuert fertigen lassen

➢ Vortragspräsentation

226 Ihr Vortragskonzept können Sie in Form einer elektronischen Mind Map erstellen. Die Äste versehen Sie – wo erforderlich – mit Zusatzdokumentationen, etwa Gesetzestexten, Tabellen oder Bildern. Dieses gegliederte Vortragskonzept verwandeln Sie mit einer Menüfunktion in eine PowerPoint-Präsentation. Die PowerPoint-Datei können Sie für Ihre Präsentationszwecke weiterbearbeiten.

➢ Wissensmanagement

227 Gut organisieren lässt sich das persönliche Wissensmanagement mit elektronischen Mind Maps. Da Sie jede Art von digitalisierten Dokumenten (pdf, jpg, bmp, doc, xls) an Ihre Haupt- und Nebenäste anfügen können, lassen sich in Ihrer erarbeiteten Struktur viele Informationen übersichtlich zusammenführen.

228 Erstellte Mind Maps können Sie mit einer weiteren Programmfunktion des MindManagers per Mausklick in ein webseitenfähiges Format verwandeln. Das hat den Vorteil, dass Sie weiteren Personen, z.B. den Mitgliedern Ihrer privaten Arbeitsgemeinschaft über eine gemeinsame Internetwebseite Zugang zu dieser Datenbank verschaffen können ohne weitere Programmierfähigkeiten besitzen zu müssen.

➢ Gemeinsames Erstellen von Mind Maps

229 Elektronische Mind Maps können leicht verbreitet werden, indem Sie die Datei zur weiteren Bearbeitung versenden. Daneben ermöglicht ein so genannter Konferenzmodus über eine Internetverbindung, Mind Maps zusammen mit anderen Personen zu bearbeiten.

Ein Fazit: Zukunft des elektronischen Mind Mappings

230 Es besteht kein Zweifel, dass elektronisches Mind Mapping einen Fortschritt darstellt. Die Vorteile des Mind Mappings lassen sich mit linearen Arbeitsformen ideal verknüpfen. Gerade als Jurist sind Sie auf die Einhaltung klassischer Formen angewiesen. Im Ergebnis kommt es auf die Logik Ihrer Texte und die überzeugende Argumen-

tation an. Das dahinter stehende »Betriebssystem« Mind Mapping dient Ihnen nur, muss aber nicht in Erscheinung treten.

Der digitalen und elektronischen Entwicklung zum Trotz werden Sie eine Fülle von Mind Maps immer noch von Hand fertigen: Dies kann eine schnelle Skizze unterwegs sein, die Aufzeichnung einer Vorlesung auf der Rückseite der Vorlesungsunterlagen oder das Festhalten einer Idee.

Sachregister

(Die angegebenen Nummern beziehen sich auf Randnummern)

Ablage 148 ff.
Aktenbearbeitung 161 ff.
Aktivitätenliste 222
Aktivitätenplanung 202 ff.
Anspruchsgrundlagen 54
Anspruchsprüfung 54
Anwaltsstation 166
Argumentation 118
Assoziation 6, 121
Ausformulierung 54
Auswertung der Mind Map 26 ff.

Begehungsformen 95
Begründetheit 87
berufliche Tätigkeit 138, 158
BGB AT 43 ff.
Brainblooming 169

Definitionen 96
Delikte 95
Denkblockaden überwinden 4, 167 ff.
Denkwege 14
Detail-Mind Map 117 f.
Diskussion 134

Einordnung von Informationen 65
Einsatzmöglichkeiten des Mind Mappings 11 ff., 34
elektronisches Mind Mapping 212 ff.
Entwicklungen 142

Fachtext-Mind Map 78, 80
freie Rede 163

Gedankenkarte 3
Gesamtdarstellung 27

Gesprächsführung 190
Gesprächsverlauf 135
Gewichtungen 67
Gliederungsebene 75

Hauptäste 21
Hauptverhandlung 164
Hausarbeit 108 ff.

Ideen-Mind Map 89, 99, 104, 173
Ideenordnung 122
Ideensammlung 121
Ideenzweige 23 ff.
Informationen aufbereiten 145
Informationen sichten 145
Informationserwerb, aktiver 56
Informationskompetenz 194
Informationsmanagement 36 ff., 82 ff.
Inhalte exportieren 217

Klagearten 86
Klausuraufbau 54
Klausuraufbau-Mind Map 99
Klausuren schreiben 82 ff.
Klausurtechnik 85 ff.
kreative Tätigkeit 173

Landkarte des Wissens 64
Langzeitgedächtnis 55
Lehrbuch 43, 55, 81
Lehrbuch, Lektüre 70 ff.
Lernbiologie 50, 56
lernen und begreifen 48 f., 55 ff.
Lernmanagement 41
Lernmethodik 194
lesebegleitende Aufzeichnung 78

Sachregister

lineare Gliederung 4 f., 94
Literatur 111, 113

Master-Mind Map 116, 159
Mediation 190 ff.
Merkmuster 48
Methode des Mind Mappings 8 ff.
Mind Manager 216 ff.
Mind Mapping-Programme 215

nachträglicher Gedanke 94
Navigationssystem 60

offene Fragestellung 106, 120
Öffentliches Recht 86 ff.
Organisation 20 ff., 36 ff.

Plädoyer 164
Plädoyer-Mind Map 165
Prioritäten 204
Programmsatz 199
Prozessrecht 160
Prüfungsschemata 49

Rechtsentwicklungen 137
Rechtsgeschäft 45
Rechtsprechung 111, 113
Redekonzept 129
Referendariat 157 ff.
Referendariatsstationen 157

Sachverhaltserfassung 54
Schaltplan 14, 112
Schlüsselbegriff 21, 27, 48
Schlüsselqualifikationen 183 ff.
Schriftsätze 223
Seminararbeit 120 ff.
Sitzungsdienste 163 ff.
Stofffülle bewältigen 38
Strafrecht 95 ff.
Strukturierung 210
Studienplanung 27, 195
systematisches Filtern 139

Tagespläne 206
Tipps, Eignung 17
Tipps, Schlüsselbegriffe 21
Tipps, Zweige 79

Überblick gewinnen 39 ff., 58 ff., 71 ff., 157
umfangreiche Verfahren 161
Unternehmensnachfolge 193

Verhandlungsstrategien 189 ff.
Vertrag 45, 62
Vertragsentwürfe 170 ff., 223
Vertragsgestaltung 170
Vertragsverhandlungen 182
Vertragsvorüberlegungen 171
Visualisierung 38 ff.
Vogelperspektive 28
Vorlesung 57 ff.
Vorlesungsmitschrift 7, 15, 44, 46, 55 ff.
Vorteile des Mind Mappings 4 ff.
Vortrag 124 ff.
Vortragsfahrplan 128
Vortragskonzept 226

Wer will was von wem woraus? 102 ff.
Wiederholungsprogramm 51
Wissen zuordnen 62 ff.
Wissenserwerb 160 ff.
Wissensmanagement 136 ff., 227 ff.
Wissensnetzwerk 137
Wissensziele 143 ff., 152, 159
Wochenpläne 207

Zeitmanagement 195 ff.
Zentralbild 20
Ziele setzen 197
Zivilrecht 43, 101 ff.
Zulässigkeit 86
Zuordnung 148 ff.
Zusammenhänge erkennen 28
Zwischenfragen 131